돌아서던 날

임정순 수필집

교음사

세상을 만만하게 보고 잘난 척하다가 토끼처럼 낮잠 한숨 푹 자고 일어나려 한 것이, 세상에서 제일 큰 타조 알 같은 집을 짓고 너무 깊은 잠을 잤습니다.

지난해

망치로 두드리는 소리에 온몸이 흔들리는 충격에 며칠 동안 어지러워 잠을 잘 수가 없었습니다.

뒤돌아보니 훌쩍 달아난 세월이 12년.

인생의 끝을 다시 이을 수 있는 패자부활전에서 엄청난 수업료를 지불한 대가는 살아남는 자가 강한 것이 아니라, 포기할 줄 모르는 인내심과 죽을 만큼 힘든 고통을 이겨낸 담금질이라는 것을 깨달았습니다.

다섯 번의 수술을 하면서 신 앞에서는 절절하게 울었지만 사람 앞에서는 울지 않았습니다. 당해보고 겪어보니 온몸으로 받아들이며 살아내느라 속울음을 참는 사람들이 너무 많았습니다. 한 발짝 먼저 이겨 냈다고 다가 온 사람들처럼 「흔적」 「돌아서던 날」을 통해 가라앉지 않은 영혼에 위로가 되고, 누군가에게 견디고 나면 일어설 수 있다는 희망이 되고 싶었습니다.

스스로 가두고 살다가 망치 소리에 화들짝 놀라는 순간 거북이로 변신했습니다. 조급함은 욕심이요, 덤으로 연장된 생명은 감사함으로 괜한 고집은 부리지 않겠습니다.

모진말로 돌아서게 한 볏바리인 남편에게 사는 날까지 따순 밥을 대령하렵니다. 든든한 자식들 땜에 힘을 냈습니다. 인생의 고비에 눈물로 안아 준 형제자매도 더없이 고마웠습니다.

글을 쓰기 시작하면서 만난 김길자 선생님이 다시 일어나라 했습니다. 내 평생의 은인이자, 든든한 멘토입니다.

살아줘서 고맙다고 손잡아 준 마음결 따뜻한 문우들에게 진정 고마운 마음 전합니다.

두 번째 수필집을 엮을 수 있도록 도와주신 수필문학사 강병욱 대표님과 류진 편집장님께 진심으로 감사드립니다.

2020년 8월 저자 임정순

| 임정순 수필집 |

- 차 례
- 작가의 창

1. 흔적

지금은 장기 휴가 중 … 18

행운을 드립니다 … 23

추억의 방 … 27

도전! 오카리나 … 32

영화 화장(火葬)을 만나다 … 36

흔적 … 40

애인이 생겼어요 … 44

쌍화탕 한 병 … 48

복지관 가는 길 … 52

2. 돌아서던 날

버섯의 귀족 … 58

딸 자랑 … 62

돌아서던 날 … 66

달챙이 숟가락 … 71

내 나이를 사랑하자 … 75

고칠 수 없는 병 … 79

고스톱 개론학 … 83

개떡 찌던 날 … 87

8월엔 태양초와 사랑을 … 90

3. 화려한 외출

화려한 외출 … 96

한여름 밤의 향연 … 100

지워진 이름들 … 104

왜 거길 갔을까 … 108

세상엔 공짜가 없다 … 112

여행 중독, 하롱베이를 가다 … 116

쓰면 이루어진다 … 120

숨어 있는 보물 … 124

상류층 입성 … 128

4. 나만의 소확행

버스 안 풍경 … 134

믿음의 유산 … 138

동림청선(東林聽蟬), 여름 피서 … 143

녹슨 호미 … 146

나만의 소확행(小確幸) … 149

고슴도치 딜레마 … 153

경청의 달인 … 158

2020, 달력 앞에서 … 162

1부

흔적

· 지금은 장기 휴가 중

· 행운을 드립니다

· 추억의 방

· 도전! 오카리나

· 영화 화장(火葬)을 만나다

· 흔적

· 애인이 생겼어요

· 쌍화탕 한 병

· 복지관 가는 길

지금은 장기 휴가 중

올 들어 세 번째 오르는 산이다.

멀찍이 올려 다 본 산을 한발 한발 내딛는다는 것이 새삼스럽다. 밤나무가 입을 쩍 벌리고 알밤을 토해냈을 때 시간 가는 줄 모르고 양쪽 주머니가 불룩하게 주워 온 다음 날이었다.

TV를 보고 있는데 자꾸만 이상한 소리가 들려 주위를 둘러봐도 알 수가 없다. 물이 새는 소린가 수도꼭지를 확인했지만 역시 아니다. 이상하다. 고개를 돌리면 돌리는 대로 소리가 따라 움직인다. 쌕쌕거리는 소리는 맥박이 뛰는 간격으로 멈출 줄 모른다. 귀를 기울여 잠잠하면 소리는 점점 작아진다.

그 밤을 하얗게 새우고 서둘러 병원에 갔는데 신경성이라는 상투적인 진단에 한 움큼 약만 처방받았다. 그 약을 다 먹을 때까지 차도가 없어 심란한 마음을 어찌할 바를 몰라 시무룩하게 앉아 있는데 갑자기 오른쪽 눈이 모든 사물들이 두 개로 보이는 것이 아닌가.

아~차 싶다. 일이 벌어진 것임에 틀림없다.

남편은 서둘러 두 번째 수술을 받았던 연세세브란스병원으로 향했다. 앵앵거리는 구급차에 실려 서울까지 가는 동안 불길한 생각으로 양손이 땀으로 흥건했다. 불과 석 달 전 성대종양수술과 성대마비수술을 했다. 수술하기 전 CT 촬영 결과 뇌혈관에 꽈리같이 불어난 것이 있었지만 수술엔 별문제가 되지 않는다고 했다.

혈압이 높아 중환자실에서 특별 관리를 요한다며 어찌할 바를 모르는 가족과 격리를 했다. 중환자실이라는 중압감이 주는 극도의 공포감에 떠는데, 양쪽 팔엔 혈압기를, 가슴엔 심전도 검사 줄이 사방으로 연결되고 손가락에는 빨간불이 들어오는 이상한 것이 매달려 도대체 꼼짝할 수가 없다.

오로지 할 수 있는 것이라고는 벽에 걸려 있는 시계를 바라보면서 하루 두 번씩 가족과 만날 수 있는 면회시간이다. 처참한 마누라 모습에 하염없이 눈물만 흘리는 남편 얼굴을 보며 놀리는 딸은 그래도 여유가 있다.

혈압이 안정된 6일째 수술을 했다. 무엇보다 힘든 것은 혈관 조영술이다. 의식이 있는 상태에서 혈관을 통해 머릿속을 헤매는 물질이 아찔아찔하다. 병명은 뇌출혈로 인한 경동맥해면동루다.

이틀은 중환자실에서 안정을 취하고 일반병실로 옮겼을 때는 가족들을 만난다는 기쁨으로 고통과 통증이 절반으로 줄어드는 기분이다. 그런데 두 개로 보이는 복시는 거의 정상으로 됐지만, 머리에서 나는 소리는 멈추질 않는다. 시간이 지나면 정상으로 된다는 의사 말만 믿고 퇴원했다.

이미 체중은 또 5Kg이 빠졌다. 성대수술로 제대로 먹을 수도 삼킬 수도 없는 상황이라 죽으로 연명하다 보니 앉아 있기도 힘들다. 수저가 무거워 손이 휘청거려지니 어떻게 입까지 음식을 가져오나 멀뚱히 앉아 있는 자신이 한심스럽다.

어찌 살아갈까. 이렇게 힘들어하면서까지 살아야 하나. 이쯤에서 움켜쥐고 있던 끈을 놓자. 그래 이만하면 오래 산 거야. 더 이상은 욕심이다. 먹다만 죽을 바라보니 식욕은 십 리를 도망갔다. 먹어도 먹어도 허한 속을 무엇으로 달래나.

한참을 멍하니 있는데 갑자기 게으르고 인색했던 모습이 쫙~ 펼쳐진다. 시간이 아깝다는 핑계로 쉬는 방법도 모르고 앞만 보고 달리더니 돌아온 것은 이 지독한 병명 아닌가. 아주 오래전부터 몸 구석구석에서 몸이 우는 소리를 내며 신호를 보냈건만 애써 들으려

하지 않고 무시했다. 지금 감히 누굴 탓하는가.

왜 몰랐을까. 8시간이 넘는 대수술인데 마치 부스럼이나 종기 정도로 여긴 이 실수를. 하지만 이 어리석음 때문에 씩씩하고 용감하게 견뎌내는지 모른다. 그렇지 않았음 회복이 더디다고 정상적인 모습으로 언제 돌아가냐고 가족들에게 억지를 부리며 얼마나 괴롭혔을까.

진정 세상엔 공짜가 없는 걸까? 장기 휴가는 저만치 뒤처진 내 남은 삶을 마침표가 아닌 쉼표로 마음의 여유를 깨닫기엔 엄청난 대가를 지불한 셈이다.

'그래 너만 잘 되라는 법 있니?'

하루에도 몇 번씩 자신에게 툭 던져놓고 대답하는 이 말 뒤에는 남의 고통과 슬픔은 안중에 없고 멀찌감치 구경만 했었는데 이제는 알 것 같다. 겪어보지 않고 당해보지 않으면 결코 상대방을 끌어안을 수 없다는 사실을.

가슴이 먹먹할 정도로 죽음과 마주한 네 번째 수술실에서 처절한 기도로 하나님을 찾았다. 감히 내 생명을 저울질해 보지만 좀 더 살아야 된다는 쪽으로 기우니 이 암흑 같은 터널을 통과하면 진짜 어른이 되겠지.

병원 복도에 쓰여 있던 '오늘 살아 있다는 것이 축복이다.'라는 말이 생각난다. 얼마나 많은 환자들이 이 말 한마디에 이를 악물면서 용기와 희망을 갖고 자신과 처절한 싸움을 하는가.

삶과 죽음은 백지장 하나 차이라지만 마침표는 모든 것에 마지막으로 힘을 주어 찍은 일이다. 그러기에 이전보다 더 넓어진 가슴으로 힘을 내자. 그리고 더 많은 사람들을 사랑하자.

겨우내 버티고 있던 떡갈나무 잎이 사뿐히 내려앉는다. 밟고 지나가라고 계단처럼 몸을 내어 준 소나무 뿌리가 반들반들하다.

'아플 텐데…. 너도 참고 견디는 거지?'

땅속에 더 많은 뿌리를 내리고 덤으로 내놓은 배려인가.

핼쑥해진 모습을 보이기 싫어 빗장을 걸어 잠가 두었건만, 자글자글 쏟아지는 햇살이 안달 나게 한다.

어디쯤 가야 봄을 만날 수 있을까.

행운을 드립니다

지난여름에 분양해 준 꽃이 피었다고 전화가 왔다. 호들갑스럽게 말하는 친구의 마음을 알 만했다. 몇 년 전 처음 그 꽃이 꽃망울을 터트렸을 때 나 역시 탄성을 지르며 혼자 보기가 아까워 사람들을 불러들였다.

혼자 사는 노인 집을 방문했을 때는 겨울이었다. 하루에 연탄 한 장으로 데운 방바닥은 찬기만 가신 정도였다. 아무리 둘러봐도 변변찮은 살림살이는 노인의 주름진 얼굴처럼 모든 것이 빛을 잃었다.

그런데 한쪽 구석에 생화인지 조화인지 모를 정도로 무성한 잎사

귀가 반짝반짝 빛나는 화분이 있었다. 노인께서는 이름도 모른다는 화분에 관심을 갖자 한 달 후쯤 물 꽂이를 해서 뿌리가 난 것을 화장지에 둘둘 말아 분양을 해줬다.

처음부터 큰 기대는 하지 않았다. 잎사귀만 몇 개 달랑 붙은 것이 모양새도 그렇고 우리집 베란다엔 저마다 잘난 화분이 여러 개 있었기에 주신 분의 마음을 저버릴 수 없어 구석진 반 양지에 놓고 가끔씩 발자국 소리와 눈길만 주었다.

헌데 몇 달이 지났을까. 나름 상황 파악이 끝났는지 주인의 관심을 끌어 볼 양 여러 개의 줄기를 내뿜어서 지지대를 꽂아주고 지그재그로 모양을 잡아 거실로 옮겨 놓았다.

역시 관심을 보여주니까 하얀색 꽃을 조롱조롱 매달더니 며칠 뒤에는 하얀색 꽃 속에서 또 새빨간 꽃잎이 드디어 주인댁에게 인사를 한다. 그리고 기다란 수술 한 개가 먼저 세상을 정탐하러 나온 후 네 개의 암술은 비로소 안심하고는 살며시 얼굴을 내민다.

이럴 때 그냥 있으면 꽃들도 섭섭해한다는 생각이 들었다. 마음이 인색하면 감탄과 탄성이 나오질 않는다. '십 점 만점에 십 점! 누굴 위해 이다지도 요염하게 피었나?' 한바탕 요란스럽게 박수를 쳐주며 칭찬을 했다.

이쯤 되니 꽃 이름이 궁금해진다. 아무리 식물도감을 뒤져도 찾을 수 없어 꽃집을 여러 군데 기웃거렸다. 드디어 알게 된 이름이

'덴드롱'이다. 아프리카나 중미가 원산지인 열대성 덩굴식물로 생명력이 아주 강하다고 했다. 꽃만큼이나 어울리는 꽃말은 행운. 우아함이라니 나만 독차지하고 즐거워한다면 그건 욕심이 아닐까. 그 노인도 관심을 보인 내게 가지를 툭 꺾어 오랫동안 물 꽂이를 해 두었다가 마치 행운을 나눠 준 것처럼 나도 그러하리라.

유달리 덴드롱 가꾸기에 매료된 남편은 어느 정도 자라면 과감히 잘라 물병에 꽂아 두었다. 하얗게 실뿌리가 나면 화분에 옮겨 심어 옥상 한편에는 마치 덴드롱 꽃 묘장처럼 여러 개가 있다.

집에 오는 누구라도 덴드롱에 관심을 가진다면 여지없이 화분 하나에 행운까지 들려 보낸다. 때로는 좋은 화분에 예쁘게 자란 덴드롱에 욕심을 내면 그것마저 선뜻 내어주는 날이면 남편은 키우지도 않은 사람이 헤프다고 핀잔을 했다.

하지만 뭐 대수랴. 미물조차 자기 몸이 떼어져 어디로 가는지 모르게 떠나가는 아픔을 감내하는데 아까워한다면 덴드롱만도 못하다는 생각이 든다. 십여 년간 나누어 주고 또 나누어 줬는데도 아직까지 원조도 살아 있으니 이 또한 고마운 일 아닌가.

덴드롱이 질병을 치료하는 식물이라면 누가 믿을까마는 팔십이 훨씬 넘으신 아는 분은 나른한 봄에 도대체 기운을 차릴 수 없었는데 우연히 바라본 덴드롱이 하얀 꽃 속에 또 빨간 꽃을 내보이는 모습을 보고 기력을 회복했다고 일부러 전화를 했다.

아무리 예쁜 꽃이라도 열흘을 못 간다는 말이 있지만 덴드롱은 예외다. 장담하건대 최하 백일은 간다. 속눈썹같이 긴 암술이 꼬불꼬불하게 파마를 하고 수술은 세상 소식을 전해준다. 그리고는 드디어 신방을 차린다. 서서히 붉은 꽃잎이 떨어지고 하얀 꽃은 보랏빛으로 변한다. 문을 걸어 잠그고 오직 매미 소리를 들으며 여름을 다 보내고 가을을 기다리는 덴드롱도 고향이 그리울까.

먼 이국땅에 와서 그 우아한 자태로 기쁨도 주고 행운도 나눠주는 천사표 덴드롱에게 오늘 들려오는 소식을 전해 주리라.

떠나보낸 분신마다 그곳에서 많은 사랑을 받으며 또다시 행운을 나눠주는 천사들이 된다며 보랏빛 꽃 문을 살며시 열고 속삭여 주리라.

'행운을 드립니다.'

추억의 방

아들의 강압적인 협박이 무서워 무조건 따라나선 일본 여행.

8시 10분발. 1시간 45분이면 갈 수 있는 곳이건만 오랫동안 미루기만 했던 일본이다. 하네다 공항에서 버스로 1시간 이동하면 도쿄역. 점심시간이라 그런지 넥타이 맨 사람은 간혹 보이고 정장 차림이 많다.

여자들 옷차림도 흰색 상의에 검정 바지가 아님 검정 스커트가 대부분이고 화려한 색상이 별반 없다. 제복 같은 통일감으로 거리를 메운 인파들. 마치 일개미처럼 분주함이 여행객에겐 낯설다.

그런데 눈에 들어온 것은 여자들의 얼굴이다. 이상하리만큼 볼 화장이 진하다. 이 또한 문화인가. 아님 자신들을 돋보이게 감추는 방법인가.

열차 시간이 빠듯한지라 아들은 점심 도시락을 편의점에서 사서 나눠줬다. 유독 초밥을 좋아하는 내게 맞춤 서비스하는 센스쟁이 아들. 금강산도 식후경이라더니 여러 가지를 먹고 나서야 일본 사람들의 모습도 지나가는 풍경도 비로소 눈 안에 들어온다.

앞자리와의 공간이 넓어 여유로운 여행의 맛이 살짝 난다. 열차 안이 너무 조용해 남편과의 대화도 조곤조곤하게 되고 괜스레 좌우를 살피며 뭔가 우리나라보다 못한 흠을 찾고 싶은 심사가 발동한다. 하지만 책을 읽는 사람들이 많다는 것 외엔 별반 크게 달라 보이질 않고 여러 곳의 정류장에서 여행객들만 점점 늘어난다. 오늘 가는 곳이 '호시노야 가루이자와'이다.

지난해 아들이 일본 출장 중 보내온 사진 속 풍경을 보는 순간 가보고 싶다는 속내를 들키고 말았다. 아들 역시 부모님을 꼭 모셔야겠다는 다짐을 지키는 날이기도 하다. 물론 인터넷에서 검색은 해 봤지만 과연 어떤 곳이기에 며느리의 불편함도 감수하면서 가이드 역할을 자처할까.

귀가 먹먹할 정도로 고지대로 향하던 열차가 멈춘 곳은 우리나라의 설악산과 비슷한 곳이다. 리조트에서 마중 나온 셔틀버스로 20분 거리. 입구에 일렬로 서서 정중히 고개를 숙이며 맞이하는 모습이 귀한 손님이라는 인상을 준다.

호텔 로비에 들어서니 일본 전통악기로 은은하게 환영가를 들려주며 목적지에 무사히 도착했다고 따뜻한 전통차를 대접한다.

아들은 전망이 제일 좋은 호숫가에 위치한 미즈나미룸을 예약하고는 부모님이 만족할 것을 생각하며 행복했으리라. 그럴 만도 했다. 아래는 아들 내외와 손자. 위에는 안락의자 겸 침대용인 곳으로 정하고 발코니에 나서니 맑은 공기와 전경이 한꺼번에 온몸을 휘감는다.

어둑해 질 무렵, 리조트에서만 입을 수 있는 옷으로 갈아입고 식당으로 이동하는데 호숫가에 하나둘 켜놓은 촛불이 환상적으로 여행객의 마음을 가볍게 흔든다. 두 시간 코스로 이어지는 가이세키 정식을 먹기 전에 손자는 졸음을 참지 못해 편하게 먹으라고 자기 시작했다.

무릎을 꿇고 요리 하나하나에 정성껏 설명하며 내오는 음식은 요리에 어울리게 다양한 식기도 한몫을 했다. 양파 껍질 채 화로에 구워 가시오부시를 올려서 먹는 요리는 양파가 이렇게도 단맛이 났던 걸까. 계곡에서 잡은 민물고기 튀김은 금방이라도 호수로 돌아갈 것같이 살아 있는 것 같고 아기자기한 플레이팅 재료는 정원에서 나는 꽃과 야채를 활용한다고 한다.

둘째 날.

아침 일찍 남편과 산책을 하는데 물가에 피어 있는 보라색 붓꽃이 아침 공기를 더욱 신선하게 한다. 외부인에게도 오픈된 톰보노유 온천엘 갔다. 말로만 듣던 노천탕. 이른 시간이라 서너 명만이 계곡에서 흘러내리는 온천수를 바라보며 깊숙이 몸을 담근다.

아침 햇살에 반짝이는 연둣빛의 나뭇잎이 다 같지 않음은 5월만의 특권이니라. 살랑거리는 저 바람의 진원지는 남태평양에서 먼 길 오느라 약해진 흔들거림이고 그에 빠질 수 없는 물소리와 새소리의 지저귐은 비발디에 나오는 사계 중 봄의 왈츠다. 느긋하게 눈을 감고 감상하는데 얼굴을 간질이는 기분 좋은 바람은 14개월 된 손자의 보드라운 살결 같다.

늦게 만난 손자의 사진을 며칠씩이나 보내 주지 않으며 종용했던 아들은 돌아가신 할아버지 앞에 서 보니 마음속에 저장된 어떠한 추억거리가 없다는 것이 슬픔으로 남았다고 했다.

억지라도 자식들과 시간을 보내야 한다는 지론에 남편을 설득했고 고집부려 봐야 나만 손해다. 몸이 보내는 신호를 무시했다가 고금리 이자를 붙여 그 대가를 톡톡히 치르고서야 깨달음은 남의 시선은 더 이상 의식하지 말고 하고 싶은 것, 먹고 싶은 것, 가고 싶은 곳 미루지 말고 나만 위해 살지 않으면 훅 날아가 버릴 것 같은 남은 삶이다.

바람과 물소리가 걱정, 근심, 조급증 탐욕을 밀어내고 멈춤에서 오는 편안함과 여유로움, 여유로움은 또 감사함으로 채운다. 하늘을 향해 두 팔 벌리고 '이보다 더 좋은 호사가 어디 있나. 아~ 행복하다.'라는 말을 허공에 날려 보낸다.

순간 저장해 둔 말이 온 우주를 돌고 돌아 추억의 방에 살며시 들어와 자리를 잡는다.

매년 5월이면 여행할 곳이 생겼다. 호시노야 가루이자와방에 놀러 가면 된다.

호숫가에서 노닐던 오리들. 반짝이던 5월의 햇빛과 연초록빛 나뭇잎 사이로 남태평양에서 오는 그 바람이 넘나들고 일본 최고의 료칸 노천탕에서의 여유로움과 행복감.

추억의 넓은 방을 선물해 준 아들과 며느리

'아리가또 고자이마스!'

도전! 오카리나

밤공기를 타고 들려오는 낯선 음률에 '이 소리는?'

영락없는 호기심이 발동하여 확인하고픈 마음에 쏜살같이 공원으로 향했다.

한 달에 한 번 동네 주민을 위한 작은 음악회가 열리는 날이다. 리코더 소리는 분명 아니고 대여섯 명이 악보를 보며 손가락을 현란하게 움직이면서 입으로 부는 오카리나라는 악기를 그날 처음 알았다.

밤하늘에 울려 퍼지는 청아하고 맑은 음색이 가로등 불빛과 어우러져 금방 매료됐다.

공원을 천천히 걸으면서 집안에 고이 모셔 두기만 한 피아노, 남편 건지 아들 건지 알 수 없는 기타, 딸이 가지고 놀던 바이올린, 공연히 심심하면 한 번씩 불어 보는 하모니카는 두 개, 언제 식구가 됐는지 알 수 없는 서랍 속 피리.

누구라도 프로가 될 줄 알았던 악기들이건만 아마추어도 아닌, 불어주고 두들겨 주기만을 오매불망 기다리며 먼지만을 뒤집어쓴 불쌍한 악기들.

오로지 내 탓이다.

피아노 학원에 다니던 아들이 건반을 꽝꽝 친다고 대나무 막대로 손등을 세게 때린 선생님이 밉다고 벌떡 일어나 집으로 왔다. 나중에 후회한다고 아무리 달래고 달래도 자존심이 상했던 아들은 더 이상 피아노를 만지지 않았다.

딸 역시 체르니 50번쯤 했을까. 학원 선생님이 피아노보다는 바이올린이 적성에 맞는다는 말에 딸의 재능은 생각도 아니 하고 바이올린을 냉큼 사줬다.

평상시 TV는 즐겨 볼지언정 라디오에서 흘러나오는 클래식조차 시끄럽다는 잔소리는 여지없이 바이올린의 끽끽대는 소리를 견디지 못했다. 그러면서 언감생심 세계적인 바이올린 연주가가 될 거라는 환상만 가질 수 있단 말인가.

아마도 내 뇌 구조상 음악을 즐긴다거나 그림을 그리는 이미지를 관리하는 우뇌보다는 문학가를 더 일찍 좋아했던 순전히 좌 뇌 탓이다.

할 수 없다. 모두가 그리 태어난 것을.

그러던 내가 평생학습관에서 오카리나를 배워 보겠다고 입문을 했으니 두고 볼 일이다.

흙으로 빚어 그 모양이 어린 거위 같다고 하여 오카리나 이름은 이탈리어라고 한다. 충격을 가하면 파손될까 봐 목에 걸고 복근을 움직이는 복식호흡으로 마음을 차분하게 가라앉히고 계명부터 하나하나 운지법을 익히는데도 며칠이 걸렸다.

사람이 제일 행복할 때가 무슨 일이든 집중할 때라고 한다. 쉬우면 누구나 쉽고 어려우면 누구나 어려울 테니 투자한 시간만큼 실력이 느는 것은 당연지사다.

혀의 움직임으로 공기의 흐름을 막는 텅킹 연습을 투~투하면서 집안을 돌아다니면 아기가 비 오라고 투정을 부리는 것 같다고 남편은 흉을 봤다.

선생님은 수업시간마다 하루 연습 안 하면 내가 알고 이틀 연습 안 하면 친구가 알고 삼일 연습 안 하면 청중이 안다는 말을 누차 했다.

오카리나는 누구나 쉽게 배울 수 있는 악기지만 꾸준하게 연습하지 않으면 이 또한 공염불이 아닐 수 없다. 무슨 악기든 반복해서 연습하는 소리는 듣기 싫다. 이건 남에게는 소리 공해다. 분명 매미 소리도 듣기 싫어 난리지 않은가. 더군다나 아파트에선 이웃 눈치 때문에 장롱 속에서 연습한다는 얘기도 들었다.

쉬운 동요를 몇 곡 부르고 스스로 대견하여 머리를 쓰다듬으며 칭찬을 하고는 머쓱했다. 악기는 절대로 배신하지 않는다더니 한 달이 지나고 두 달이 지날 때쯤.

요양 시설에 계신 팔십 넘은 친정어머니를 무엇으로 기쁘게 해 드릴까 고민하던 중 퍼뜩 생각 난 것이 오카리나연주였다.

'그래, 자랑도 할 겸. 활짝 웃게 해 드리자.'

스마트폰에 녹음한 것을 들어보면서 하루에 수십 번씩 「어머님 은혜」와 「어머니 마음」을 연습했다. 입술에 물집이 생기고 손가락마저 뻐근하지만 육십 넘은 딸은 오늘도 팔십 넘은 엄니를 웃게 할 목표가 생겼다.

도전! 오카리나.

영화 화장(火葬)을 만나다

어둠침침한 영화관에 들어섰을 때 등 뒤에서.

"오늘 아침 엄마 돌아가셨다"

남편은 더듬더듬 좌석번호를 찾으면서 무슨 이런 영화를 보러 왔냐며 가벼운 핀잔을 한다.

「화장」

거장 임권택 감독의 102번째 영화로 제28회 이상문학상을 수상한 김훈 작가의 작품이다.

주인공 오상무(안성기)가 죽어 가는 아내와 화장품 회사의 매력적인 여직원 추은주(김규리) 사이에서 절망적인 순간임에도 아슬아

슬한 욕망의 심리를 임권택 감독의 섬세한 표현의 함축미와 절제미가 역시 거장임에는 틀림없다.

한차례 뇌종양 수술로 개복했던 수술 자국이 있는 상태에서 다시 재발돼 더 이상 회복할 수 없는 아내를 4년간이나 간병에 지친 중년 남자의 원초적인 욕망이 아찔하게 춤을 추듯 화려한 화면으로 방황을 한다.

오랫동안 투병 생활한 마누라를 간병했던 남편의 모습과 오버랩된다. 남편도 내가 누워 있는 안방을 들어오기 싫다고 말했었다. 그도 그럴 것이 성대종양수술로 말도 할 수 없고 제대로 먹질 못하니 마를 대로 말라 죽은 시체처럼 하루 종일 창밖만 바라보는 아내가 차라리 죽었으면 좋겠다는 생각을 수없이 했을게다.

영화에서는 배우들의 표정으로 비추고 작품에서는 아내가 죽길 바라는 마음이 표현됐다. 헌신적으로 간병하지만 어떻게 보면 삶과 죽음으로 아님 삶과 사랑으로 편하게 볼 수 있는 영화는 결코 아니다.

남편이 좋아하지 않는 와인을 보았을 때 여자의 직감은 촉이 살아있다.

"내가 죽었으면 좋겠지?" 분명 다시는 일어설 수 없는 좌절감과 비참함과 서글픈 절규는 내 가슴을 후벼 팠다.

거울 속에 비춰진 내 몰골이라니. 부스스한 머리카락. 광대뼈가 툭 튕그러진 얼굴에 피부의 탄력은 온데간데없고 젖가슴은 이미 절벽 상태로 여자로서의 자존심마저 쪼그라들어 수치심마저 들었다.

한발만 더 앞으로 나서면 거기는 죽음의 그림자가 기다리고 있다. 죽음은 가까이 있었지만 '개똥밭에 굴러도 이승이 낫다.'는 우스갯소리가 아니더라도 산다는 것은 고래 심줄보다 더 질기다.

아내의 빈소를 지키는 새벽에도 장지로 떠나는 만장기가 펄럭이는 속에서도 그 여인이 언듯언듯 생각나는 본능은 누구도 알 수 없다. 그건 의지로 되는 것이 아니다. 의식이든 무의식이든 하루에도 오만 가지 생각이 넘나드는 영과 혼의 무한대 영역이다.

"운명하셨습니다."라는 말을 듣는 순간 삼라만상은 고요 그 자체다. 삶과 죽음의 차이는 마치 손바닥 뒤집기 같지만 그 차이는 어마어마하다. 동에서 서, 하늘과 땅, 너무 멀고도 멀다. 죽음은 끝이다. 모든 것이 끝난다.

그때부터 중년 남자 안성기는 비로소 자기 자신을 찾는다. 아내를 보내는 장례를 치르려면 먼저 몸부터 추스려야 하기에 사우나에 가서 잠시 눈을 붙이고 비뇨기과에 가서 그토록 고통스럽던 오줌을 빼낸다.

중년 남자라면 누구나 공감할 수 있는 소재를 천박스럽지도 그렇다고 결코 부끄러운 일이 아닌 듯, 표현한 것은 팔십이 넘은 임권택 감독이나 배우 안성기가 죽음을 받아들일 수 있는 연륜이 녹아 있기 때문이다.

아내를 떠나보낸 후 애견 보리마저 안락사를 부탁하고, 돌아서면서 여름 광고 문안을 '가벼워진다'로 결정하는 오상무의 발걸음도 가벼워진다.

'그래, 산 사람은 살아야지….'

흔적

어제 감아야 할 머리를 하루 더 미뤘다. 이렇게라도 미루다 보면 머리에 붙어 있을 날이 하루 더 길어질 거라는 나름대로의 계산법은 그만큼 절박해서다.

하루에 보통 80~100개가 정상이라지만 한 움큼씩 빠지다 못해 머리를 만지기만 해도 손바닥에 붙어 있는 것이 수십 개씩이니 예민할 수밖에 없다.

이러다가 정말 대머리 되는 것은 시간문제다. 감던 머리를 움켜쥐고 거울을 본다. 알 수 없는 분노가 치민다. 6개월이면 정상으로 된다고 의사는 자신 있게 말했건만 6년이 더 된 지금까지 손바닥

만하게 텅 빈 정수리. 왜 머리카락은 나를 거부하고 떠나는지. 그냥 다 밀어 버리고 싶다. 머리 감을 때마다 두려움 때문에 한참을 주저앉아 꺼이꺼이 울었다.

그런데 누가 말해 주는지 '괜찮아, 괜찮아 그까짓 거 뭐 대수야. 어제 떠난 사람이 그토록 살고 싶어 한 오늘 이 시간 살아 있잖아' 머리카락을 쓰다듬으며 남아 있는 것이 더 많다고 다독였다.

6년 전. 쉰 목소리가 문제의 발단이었다. 알만한 이비인후과에서는 피곤이 원인이라며 물을 많이 마시라는 처방이다. 가습기도 사용하고, 보약도 먹어 보고 물은 평소보다 몇 배 더 마셨지만 결국엔 가족 간의 대화도 어려웠다.

CT 결과 성대종양과 성대마비라는 청천벽력의 진단이 나왔다. 서울로 가야 한다는 주변 사람들의 말에 첫 번째 수술은 세브란스병원이었다. 어쩜 그리 무지했던지 무지했기에 용감했을 것이다.

두 번째 성대복원 수술 후 꽈리같이 불어난 뇌혈관이 터졌다. 급박한 상황이라 앰뷸런스에 실려 중환자실 독방에서 혈압이 조절되기를 8일간이나 감금 아닌 감금상태에서 하루에 이십 분씩 두 차례 식구들 얼굴을 볼 수 있었다. 오른쪽 눈은 사물이 두 개씩 보이고 머리에서는 이상한 소리가 24시간 끊이지 않고 괴롭히는 경동맥해면동루라는 뇌출혈이다.

세 번째 수술 후 경과가 좋지 않아 네 번째 수술을 할 수밖에 없는 상황에 이미 체중은 14킬로나 빠져, 앉아 있기도 힘들고 물도 제대로 마시질 못해 수저로 떠먹으니 체력은 바닥이다.

밤마다 헛것이 보이고 저승사자는 떼로 몰려와 창문에서 자꾸만 손짓을 한다. 허공에 손사래를 치면서 아직은 아니라고 강하게 부인하며 처절한 심정으로 무릎을 꿇었다. 착하게 살겠노라, 겸손하게 살겠노라. 행여 선한 일을 행했다면 한 가지라도 기억해 달라며 감히 하나님께 으름장을 놓았다. 그 밤에 신은 들으셨고 손톱만큼씩 회복되는 만큼 감사하는 마음이 미움을 밀어내니 점점 살이 오르기 시작했다.

그런데 주체할 수 없을 정도의 탈모는 예전과 달리 주눅 들게 한다. 모자를 쓸 수 없는 장소에서는 어쩔 수 없이 가발을 쓰지만 모자가 잘 어울린다는 사람들 역시 탈모가 어느 정도인지 궁금할 게다.

지독한 네 번의 수술로 모근까지 빠져 버린 흔적은 모발 이식이 아니고는 다른 방법이 없다는 피부과 의사의 말은 은근히 모발 이식을 권장하는 말투다. 두피가 튼튼해져야 머리카락도 두꺼워지고 윤기가 나는데 먹는 음식 양으로 매일매일 떠나는 머리카락을 무슨 수로 잡을 수 있단 말인가.

그럼 이쯤에서 타협을 하자. 죽음의 문턱에서 불합격된 것은 이 흔적을 통해 자신을 비춰 보는 거울로 삼으라는 선물임에 틀림없다. 그렇지 않으면 잘난 척하고 으스대고 자식에게 집착하고 움켜쥐려는 탐욕을 끌어안으며 이전 모습으로 되돌아갈 것이 분명하다. 우선은 이마에 인상을 펴고 입꼬리에 힘을 빼야 부드러워진다.

불쑥불쑥 원망과 불평이 뽀글뽀글 고개를 쳐들 때마다 마음속 깊은 곳을 건드려 흔적을 쓰다듬으며 아드레날린이 분비되도록 칭찬하고 또 칭찬하자. 다섯 번씩이나 수술했던 그 힘든 과정을 딛고 일어선 이쯤에서, 몹쓸 병으로 투병 생활하는 사람들에게 기꺼이 흔적을 보여주며 두 손을 맞잡고 활짝 웃어 주는 마니또가 되자.

정말 그랬다. 뇌종양으로 몇 번씩 항암치료를 받아 머리카락이 다 빠진 이웃에게 서슴없이 모자를 벗고 뒤돌아서서 흔적을 보여주니 빙긋이 웃으며 얼굴이 환해진다. 양팔 양다리가 없고 휠체어에 의지하면서도 남에게 통증클리닉으로 희망을 주는 사람도 있는데 감히 장애인이라고 투정 부리고 앵앵거리면 그야말로 그건 사치다.

이미 떠나 버린 것에 미련을 두지 말고 남아서 지켜주는 머리카락에게 떠나지 말라고 사정을 해보자. 아기 달래듯 내 몸도 살살 달래는 수가 최고다.

'괜찮아… 괜찮아 넌 얼굴도 예쁘고 몸매가 끝내주잖아…'.

애인이 생겼어요

하늘은 온통 회색빛이다.

차가 출발하기 전부터 내리는 비는 계속 따라오고 있다.

가슴이 두근두근 설렘은 마치 애인을 만나러 나설 때와 같다. 아주 오랜만에 느끼는 이 마음. 살짝 미소까지 번지기에 옆자리 남편을 바라본다. 눈은 감았지만 역시 내가 만날 애인을 생각하고 있을 게다.

3월 3일. 처음 만난 그날부터 내 안에는 다른 무엇이 들어 올 틈이 없었다.

매일매일 보내주는 사진 속에는 새까만 머리카락, 또릿또릿한 눈망울, 유난히 긴 인중. 분명 아들이었다가 언뜻 남편 모습이었다가 남들은 할미를 닮았다고 하지만 그 말은 썩 마음에 들지 않는다. 나보다야 열배 백배 더 나아야지.

기다리고
기다리고
또
기다리고
이백칠십 칠일째
드디어 하늘 문이 열렸습니다.

우주에서 가장 크다는 베텔제우스로
누가 보내셨을까.
할아버지 닮은
즈애비 또~옥 닮은
손자를 만났습니다.
-(베텔제우스는 태양의 1000배 크기)

밤 12시에 진통이 온다고 병원에 간다는 연락을 받고는 좀처럼 잠을 이룰 수 없어 뜬 눈으로 날이 새기만을 기다렸다. 남편은 긴 의자에 앉아 있고 아들과 난 분만실 앞에서 오락가락을 몇 시간째. 손에 진땀이 난다. 진통과 두려움에 떨고 있을 며느리를 생각하니 문득 옛날 생각이 난다.

추석날 밤. 그것도 시댁에서 예정일보다 일주일이나 먼저 덜컥 아들을 낳았다. 그 밤중에 아무 준비도 없이 산파를 부르고 얼마나, 얼마나 소리를 질렀으면 목이 쉬어서 며칠 동안 말을 하지 못했다. 시아버님마저 흉을 봤으니 말이다.

그런데 며느리는 잠잠하다. 시아버지 시어머니가 밖에 있으니 억지라도 참는지 아님 참을성이 많아 이를 악물고 참는 것이 분명하다. 별이 보이고 죽을 것만 같은 고통. 무슨 말로 표현해도 부족한 것이 이 진통이건만.

~응~애~

가슴이 덜컥 내려앉는다. 나도 모르게 '이젠 됐다, 됐어.' 하면서 잽싸게 남편과 두 손을 맞잡고 마구 흔들어댔다.

남편은 신생아실에서 첫 대면을 할 때 어깨를 들먹들먹하며 눈물을 주체하지 못해 딸은 아빠를 안아주며 등을 토닥였다.

분명 시할머니를 생각해서다. 18개월 때 돌아가신 시어머니를 대신해서 그야말로 동냥젖을 얻어 먹이며 키우신 그 손자가 아들을 낳았을 때도 뜨거운 눈물을 펑펑 쏟으셨다.

뻥 뚫린 왼쪽 가슴을 아들이 채워 줬다며 얼마나 지극 정성을 다 했으면 단 한 번도 엄마가 더 좋다는 말을 듣지 못했다. 그 아들이 아들을 떡하니 안겨 줬으니 오늘 새 세상을 맞이하는 손자를 가슴에 안고는 눈물로 첫인사를 한다.

'아가야~ 할아버지야~.'

얼마나 하고 싶었던 말인가. 몇 달 전에 '하비지'라고 부르는 환청을 듣고는 눈이 빨개져 울었을 때 어처구니없어 웃고 말았다.

일주일 동안 와 있을 때도 거실 벽에 손자 사진을 석 장 넣어서 플래카드를 걸어 놓고 손자를 맞이했다. 매일 나가던 외출도 삼가고 손자 사랑에 푹 빠진 남편은 재주도 좋다. 잠투정을 부리는 손자를 단 몇 분 만에 재우는 모습을 보고는 며느리는 아들한테 배우라고 한다.

손자가 떠난 뒤에도 입에 배인 자장가를 무슨 노래처럼 흥얼거리다가도 서로 마주보며 웃곤 했다.

지금도 거실 한쪽을 장식한 플래카드를 떼지 못하고 들락날락 문안을 한다.

'주한 손자 청주 할아버지 집 첫 방문 기념'

쌍화탕 한 병

손꼽아 기다리던 차례가 왔다.

마스크 5부제인 출생 년도 5번 금요일에만 살 수 있는 날이다.

비 오는 날 우체국에 갔더니 외곽에 있는 곳에서만 판다는 난감한 말을 듣고, 몇 군데 약국에 돌아다녀 보니 쳐다보지도 않고 없다는 말에 어찌 이런 세상이 왔나 한탄하면서, 기다리던 날이니 오늘은 기필코 KF94 마스크를 손에 쥐어야겠다.

설레는 마음으로 닷새 만에 바깥세상에 나오니 공기 맛이 신선하다. 봄은 어김없이 와 담장 안에 홍매화는 만발하고 발끝에 샛노란 민들레꽃도 반갑다.

아직 문을 열지 않은 약국 앞에 서성거리는 사람들은 5 아니면 0인 사람들이다. 한참을 기다리니 젊은 약사가 셔터를 올리면서 "마스크가 아직 안 들어왔어요.~"

기다리겠다고 했더니 약국 안으로 들어오라는 말이 노래처럼 들린다. 오늘 중으론 마스크를 살 수 있다는 희망이 얼마든지 기다릴 것 같다.

신문을 뒤적이며 시간을 보내려고 자리를 잡는데 내가 좋아하는 따끈한 쌍화탕을 내민다. 속으로 놀랐다. 마스크 때문에 연일 TV로 구입처나 방법을 방영하고 가뜩이나 예민해진 사람들 말대꾸에 힘들고 지쳐있을 약사는 마스크를 줄 수 있는 것만이라도 좋은가 보다. 이미 그 마음은 대구 확진자들을 돌보는 의료진과 한 사람이라도 더 격리시키려 애쓰는 구조대원의 일원이다.

서울 구로구에 있는 콜센타에서 대량으로 발생한 확진자가 나오던 다음 날 며느리는 손자를 데리고 친정으로 피신가고, 임신한 딸은 재택근무로 밖을 나오지 못하는 구금상태다.

밑반찬이라도 만들어 보내려고 마트에 간다는 말에 딸은 발끈했다. 70명이 넘게 사망자가 나오는 이 판국에 배달해서 해결하면 되는 것을, 현관에 대못이라도 박아야 정신 차리겠냐는 말에 꼼짝없이 마음을 접어야 했다.

울릉도에서는 마스크 사려고 기다리다 쓰러져 비행기로 이송돼 병원에서 치료 받는다는 얘기, 부부가 확진 판정을 받은 후 남편이 세상을 떠나자 가볼 수도 없는 기사는 하루 종일 우울하게 했다.

음력설을 보내고 새봄을 기다리는 모두에게 지구상 어느 곳이나 전염성이 빠르고 속수무책으로 당황하게 만드는 이 바이러스 정체는 무엇일까? 인간들이 온 우주를 이끌고 가는 만물의 영장 같지만 박쥐한테조차 꼼짝 못하니 어처구니가 없다.

얼마 전에는 메뚜기 떼가 한꺼번에 움직이면 농작물이 초토화되는 장면도 봤다. 개미들이 집을 무너뜨린다는 얘기도 소홀히 들어선 안 된다. 사람이나 동물조차도 무시하면 독을 뿜는다. '죽자고 덤비는 것이 제일 무섭다'란 말이 생각남은 서로 공존하려면 인정해 주고 거리를 둬야 한다.

이뿐만 아니라 바이러스 신약 개발에 온 세계가 골몰하여 성공한들 주기적으로 접근하는 이 무서운 바이러스와의 싸움은 계속될 것이다. 이쯤에서 자연환경 파괴하는 일을 점점 줄이고, 고래 배 속에서 나오는 플라스틱을 보고 우리는 경각심을 가져야 한다. 20도가 넘게 올라간 남극 날씨에 진흙투성이가 된 펭귄의 모습도 머지않아 생태계 파괴로 놀랠 일이 생길 것이다.

인간들의 무분별한 이기심과 욕심 때문에 미물들이 화가 나서 도전한다는 것을 알아야 한다.

병원 문을 닫고 대구로 달려간 의사들, 결혼까지 미룬 간호사,

KF94 마스크를 양보하겠다는 이타적 선택을 하는 사람들. 한 땀 한 땀 면 마스크를 만들어 거동이 불편한 사람들에게 나눠주는 손길들, 따끈한 쌍화탕 한 병을 건네는 약사의 마음이 마스크로 인한 분노를 사그라들게 하고 면역력을 키워 바이러스를 물리쳐야겠다는 마음으로 바뀌었다.

그러면 코로나19가 종식되는데 무엇으로 힘을 보탤까?

우선은 사회적 거리 두기와 각자 위생관리를 철저히 하고 아무리 답답하고 힘들어도 이겨 내자라는 마음이 모이면 유령같이 전 세계를 날아다니는 21세기 괴물은 스스로 없어질 것이다.

새로운 확진자보다 완치자가 더 많아진다는 것은 코로나바이러스보다 행복 바이러스가 전파력이 더 강력하다는 증거다.

강산에 개나리와 진달래가 만발하고, 벚꽃 엔딩 축제가 온 천하를 떠들썩하게 하는 그날이 빨리 오기를 다 같이 마음을 모아 봅시다.

복지관 가는 길

화요일은 화끈하게 사는 날이라고 말쟁이들은 말한다.

월요일부터 일주일을 매일매일 한 가지씩 특별한 날로 의미를 부여하면 날마다 빛이 나고 기다림으로 지루하지 않은 날들이 된다.

오늘이 그중 한 날이다. 책과 필기도구를 챙겨 어깨에 둘러메고 영어 회화 공부하러 복지관에 간다. 10년 전에 아주 꺼진 불인 줄 알았는데 그 심지에 불씨가 다시 살아난 지 2년째다.

이사 올 때 보물처럼 아꼈던 비싼 여행 서적도 요리책도 미련 없이 버렸건만 남편하고 대판 싸웠던 영어카세트와 영어교재들은 차마 버리지 못하고 끌고 왔다. 어떤 책은 누렇게 변색됐어도 굿모닝 어쩌고저쩌고 쓰여 있어서 딸려 온 모양이다.

여름방학이 끝나고 첫 수업 가던 날 버스 정류장에서 만난 여자는 노래 교실에 간다고 했다. 처음 만났는데 물어보지도 않은 남편 얘기를 속사포처럼 쏟아낸다.

말기 암으로 4년째 투병 중인 남편을 간병하다가 먼저 죽을 것 같아 도망 나왔다고 한다. 그 여자는 머리를 약간 흔드는 모습이 예사롭지 않게 생각했는데 먼저 뇌경색이 지나갔다고 웃어 보지만 급하게 나온지라 화장마저 들떠 있는 것을 보면 노래 교실이 유일한 탈출구일 거다.

버스에서 내려 환승해도 될 거리를 느릿느릿 걸어간다.

아파트 사이로 난 샛길은 나를 위한 길이라면 너무 거창할까. 봄이면 샛노란 개나리였다가 연분홍 벚꽃이 지고 나면 5월의 붉은 장미가 울타리를 휘감아 그 운치에 발걸음을 멈추기를 몇 번.

나도 모르게 '너~ 무 아름다워요.~It's so beautiful!~'

지난해에 만났던 사람들도 눈에 띄고 새로운 얼굴도 여러 명이었다. 쓰윽 세어보니 남자들이 여덟 명이나 된다. 미리 준비해간 간식을 슬쩍 쉬는 시간에 하나씩 돌렸다. 그리고 반장을 뽑는다고 했으니 이름은 모르지만, 묵시적으로 캡틴(captain)이 됐다.

첫째는 빠지지 않고 열심히 하고 싶은 마음과 10년만 포기하지 않는다면 어느 대통령처럼 통역관 없이 말할 수 있다는 말을 하고는 남자들을 둘러보면서 남사친을 만들고 싶다는 말을 덧붙였다.

육십이 넘으면 뻔뻔해진다더니 얼굴도 붉히지 않고 공개적으로 얘기했으니 기대해 볼 만하다.

젊은 선생님은 꿈도 영어로 꿀 정도로 열정적이다. 평균 나이가 70도 넘은 학생들에게 열심히도 가르친다. 영어 단어를 더듬더듬 읽으면서 학습을 따라가려니 머리가 띵하다.

중학교 때 외웠던 영어 문장이 툭 튀어나온다. 지금까지 기억 속에 저장되어 있는 것을 보면 분명 영어를 좋아하는 거다. 그냥 좋아한 것뿐이다.

1995년도에 미국 여행을 갔을 때다. 10박 여행이니 미국 사람들과 만날 기회는 여러 번 있었지만 '화장실은 어디에 있어요?' 라는 말도 한번 못한 맹추였다. 아이들 걱정은 고사하고 6개월만 미국에 살면 영어를 잘할 것 같다는 전화를 했으니 남편은 얼마나 어처구니가 없었을까.

세 살짜리한테도 배울 게 있다더니 정말이다. 알파벳 26자를 수십 번, 아니 수백 번 반복하고 반복해서 물었더니 이젠 척척박사가 됐다. 때로는 아이도 질려서 엉뚱한 것을 짚을 때도 있지만 세 살짜리 손자는 해냈다.

손자에게 영어 동화라도 읽어 주고 싶다. 혹시 육아 도움을 요청하면 기껏 응하려고 베이비시터 자격증도 취득했다.

먼저 실력을 쌓아야 한다. 외국인들도 몇 년씩 살아도 한국말이 어렵다고 한다. 듣기에 웃겨도 자신 있게 말하는 것을 보면 무조건 해 보는 거다. 틀리면 어떠랴.

도대체가 영어는 머리에서는 빙빙 도는데 입이 안 떨어진다. 외우고 반복해서 하는 거 외에는 달리 방법이 없다. 2년 했으니 포기만 하지 않고 3년 4년 하다 보면 길거리에서 만난 외국인이 길을 물으면 유창하게 말할 수 있지 않을까?

오늘도 노래 교실에 간다는 여자는 지갑도 핸드폰도 안 가지고 나왔다며 반 정신이 나갔다고 한다. '이 나이가 되고 보니 배운 X이나 안 배운 X이나 다 똑같다.'라는 말을 웃으며 한다. 함께 웃음으로 맞장구를 치지 않음은 다 똑같지 않다는 것이 분명하기 때문이다.

손자에게 한 번에 아웃되지 않으려면 열심히 해야 된다. 목표는 오직 손자에게 동화책을 읽어주는 거다.

'I can do it.'

2부

돌아서던 날

· 버섯의 귀족

· 딸 자랑

· 돌아서던 날

· 달챙이 숟가락

· 내 나이를 사랑하자

· 고칠 수 없는 병

· 고스톱 개론학

· 개떡 찌던 날

· 8월엔 태양초와 사랑을

버섯의 귀족

송이버섯을 따러 간 남편이 서너 시에 돌아왔다.

기대로 부풀었던 마음이 한순간 무너졌다. 그도 그럴 것이 속리산이 고향인 직장동료와 갔으니 챙겨 보낸 자루를 무겁게 들고 오려나 했는데 해가 중천에 있으니 실망이 이만저만이 아니다.

때가 일러 송이버섯을 구경도 못 했다는 남편의 말에 은근히 벼르고 있던 중 두 번째 도전에 따라나서 보기로 했다.

우선은 버섯에 대해서 식물도감을 펼쳐보고 어느 것이 식용버섯인지 어느 것이 독버섯인지를 구별할 줄 알아야겠기에 종류를 살펴봤다.

익히 알고 있는 송이버섯. 표고버섯. 싸리버섯, 느타리버섯. 목이버섯은 먹는 버섯일 뿐 아니라 이 정도는 쉬운 문제 푸는 정도로 가볍게 넘기고, 다음은 가을 산길에 화려한 유혹으로 발길을 멈추게 할 독버섯을 익히려니 이름부터 독이 풍기는 것 같다.

죽은 너도밤나무에서 나는 맛버섯. 졸참나무에서 나는 잿빛만가닥버섯. 자작나무에서 나는 광대버섯. 화경버섯. 달갈버섯. 독깔때기버섯 그 종류가 어찌나 많은지 과연 먹는 버섯을 제대로 구별할지 혼란스럽다.

왜 이렇게 거창하게 공부를 하고 산행에 나서는 데는 이유가 있다. 몇 년 전 버섯을 먹고 된통 혼쭐이 난 일이 아직도 생생하기 때문이다.

아는 사람이 버섯을 아주 많이 땄다고 놀러 오라기에 구경을 갔다. 점심 식사로 여러 가지 버섯을 넣은 돼지고기찌개를 어찌나 맛있게 먹었던지 오래도록 그 향이 입안에 가득했다.

그런데 저녁때가 되자 시장기가 돌아야 할 배가 점점 불러오는 것이 이상했다. 그리고 쥐어뜯는 것 같이 배가 아프고 설사가 나기 시작하더니 남편과 번갈아 화장실 차지하느라 바빴다. 좀처럼 가라앉지 않는 배를 끌어안고 밤을 하얗게 새웠다. 밤새 안녕이라더니 남편은 일어나지도 못해 출근은커녕 병원 신세를 졌으니 두 번 다시 산에서 따온 잡 버섯을 먹지 않는다고 맹세를 했건만.

오로지 버섯의 귀족이라 불리는 송이버섯을 따러 간다는 자랑에 여동생 내외와 동행을 했다. 속리산을 향한 긴 차량 행렬이 다 송이버섯을 따러 가는 것처럼 마음이 조급하다. 가을걷이가 한창인 들녘은 풍요롭고 단풍이 들기 시작한 산은 사람들의 발걸음을 어서 오라 재촉한다.

도착한 일행은 우선 배낭부터 풀어 간식을 먹고 되도록 짐을 줄여 몸을 가볍게 했다. 그리고 긴 막대를 들고 양지바른 소나무 밑에 있는 솔잎을 헤집기 시작했다.

1등급 송이는 보통 길이가 10센티를 전후하여 절대로 퍼지지 않고 밑동이 더 굵은 것이라 했다. 남편은 빈손으로 왔지만 하나라도 따지 않으면 결코 집에 가지 않겠다고 큰소리치고 다리가 당기도록 산을 뒤졌지만 열심히 익힌 독버섯도 눈에 띄지 않으니 어찌된 일인가.

송이가 자라는 곳은 마누라와 자식한테도 안 가르쳐준다는 말도 있다. 남편 동료가 그 사이 벌써 지나가지 않았다면.

은은한 향기로 사람을 매혹시킨다는 송이버섯은 오래도록 비가 오지 않아 아직도 땅속에서 늦잠을 자고 있는 걸까. 메마른 솔잎에 먼지만 일고 가끔씩 떨어지는 도토리와 낙엽 밟는 소리에 가을 산이 울린다.

한 번쯤은 '심봤다.'하고 산이 쩌렁 울리게 소리 지르고 싶었지만 단번에 내 눈에 보일리 만무다. 산삼 못지않게 신선초라 불리는 송이버섯은 먹는 즉시 효과를 바라는 사람들의 성미에 맞지 않아 약으로 쓴 일이 드물었다는 『동의학사전』에 나오는 말도 있다.

하산하는 발걸음이 아쉬워 자꾸 뒤돌아보지만 송이버섯 귀하기가 10년 만에 처음이라는 장사들의 볼멘소리에 위안이 된다. 인공재배가 되지 않는 송이버섯은 하늘과 땅이 허락해야만 자라는 보물이라 그 몸값이 비싼가 보다. 보약보다 좋은 송이버섯을 따서 참기름에 콕 찍어 먹어 보려 했지만 솔잎 향기로 자란다는 솔향이라도 실컷 마신 거로 만족하자.

내년 6월에 다시 도전하리라. 아니 되면 9월에도. 우선 마음을 비우고 하늘이 감동할 선행을 하자. 그렇지 않고서야 어찌 그 귀한 송이버섯이 내 눈에 띌까 보냐….

딸 자랑

제 자식을 자랑하는 것이 팔불출이라 하지만 오늘은 대놓고 딸 자랑을 하고 싶다.

그도 그럴 것이 한꺼번에 갈색 구두와 은빛 운동화와 마리 앙투아네트가 신었을 법한 진주가 여섯 개나 박힌 샌들을 사 왔으니 말이다. 내 주변머리로는 단 한 개도 어림없는 가격이다.

딸은 통이 크다. 그것도 특히 남에게 선물할 때는 늘 상대방을 감동시킨다. 신세 진 사람에게 고마움을 전하기 위해 에르메스 커피잔을 놀랄만한 가격에 구입해 놓고 한참을 고민했다. 받는 사람이 부담을 갖거나 마음에 들지 않을까 봐서다.

그런데 정작 받은 사람은 본인 취향이라며 흥분한 모습을 감추지 못하고 보는 자리에서 차를 따라 마시며 은근히 품격을 인정받은 모습이란다.

딸은 옛날 말로 벼슬을 했다. 금의환향한 모습으로 배를 쑥 내밀면서 사위의 호위를 받으며 계단을 오르는데도 엄살을 떤다. 그래도 좋다. 그래도 이쁘다.

늦은 결혼이라 말도 못 꺼내고 눈치만 보고 있는데 떡하니 소식을 전할 때 쿵 하니 '이젠 됐다.' 큰 숙제를 해결한 고마움과 감사함이 온종일 따라다녔다.

아들을 낳고 다음엔 딸이길 간절히 바랐다가 딸을 만나던 날 아픔도 모르고 '따봉'이라고 외쳤을 때 의사도 간호사도 큰 웃음으로 축하했다. 딸을 날 때까지 난다는 호기는 이런 보답을 예견했는지 모른다.

갈색 구두를 신고 이리저리로 돌아다니는데 보드라운 감촉과 쿠션이 구름 위를 걷는 것 같다. 분명, 딸은 엄마가 좋아할 것을 생각하며 고민했을 마음이 숨어 있다는 것도 안다. 소파에 앉아 구두를 신고 다리를 쭉 뻗으니 갑자기 뒤꿈치의 생채기가 세월을 끄집어내며 통증이 느껴진다.

서울에서 첫 직장생활은 참 고단했다. 한 달 봉급이 만오백 원이었는데 친척집에 조금 떼어주고, 시골집에도 몇 푼 보내고 나면 주머니는 늘 가벼웠다.

큰맘 먹고 처음으로 산 주황색 에나멜 구두는 정말 예뻤다. 키를 한참이나 높여 주고 반짝반짝 빛나는 것이 앞길을 훤하게 밝혀 주었다. 그런데 출근 첫날부터 뒤꿈치를 깨물더니 피가 나기 시작했다. 싼 게 비지떡이라더니 수제화가 아닌 기성화가 티를 낸다.

오십 분씩 걸어 다녀야 하는 거리를 쩔뚝쩔뚝 걸으니 직장에 도착하기 전 집에 돌아갈 생각으로 머리가 복잡해졌다. 참고 신다 보면 늘어나겠지. 당분간 버스로 다닐까? 역시 아닌 것은 아니었다.

다음엔 은색 운동화를 신어 봤다가 진주가 달린 샌들을 신으니 궁전만큼이나 방안이 환해졌다. 딸이 보내 준 시어머니와 색상만 다른 트렌치코트도 입어 보란다. 가을을 기다리기에 아직 일러 비닐 채 모셔 둔 옷도 딸과 사위 앞에 입어 보이며 한 바퀴 돌았다.

이뿐만이 아니다. 결혼 전에는 생일마다 백만 원씩 들고 내려와 평소 갖고 싶은 것을 직접 골라줬다. 절 낳아 준 보답이라며 현금을 원했지만 쓰면 그만이라고 꼭 표 있게 선물했다. 진주반지도 딸이 해준 거고, 명품 백도 몇 개.

다 일일이 말한다면 아들은 미안하겠지만 그럴 필요는 없다. 아들은 아들 대로의 몫이 있으니까. 집안 대소사는 물론 부모를 지켜야 할 의무를 가진다면 그것만으로도 족하다.

무슨 조홧속인가. 줘도 줘도 주고 싶은 마음은 본능인가.

부모한테 주는 것은 계산이 되는데 어찌 자식들은 계산도 안 되니 말이다. 우리 부모님들도 다 그랬을 것이다. 자식 배부른 것, 자식 잘되는 것에 내 삶은 고되고 힘들어도 참고 견디는 것은 대를 잇는 것이다. 내 자식들 역시 그러하리라.

벼슬하고 내려온 딸에게 무엇이든 해주고 싶다. 며칠 전부터 딸이 주문한 음식, 사위가 좋아하는 두부조림은 일부러 국산 콩으로 하고 더덕은 5년 산이라니 산삼 턱은 될 게다. 재료부터 좋은 것으로 신중히 고르고 자르는 것도 각을 재고 정성에 정성으로 만들었으니 맛있다는 말마저 고맙다.

하루도 빠지지 않고 아침저녁으로 전화하는 딸은 쓰나미같이 한꺼번에 밀려와 생의 갈림길에 섰던 날 왕벚꽃과 함께 돌아서게 한 심청이 같은 딸이다.

내 삶의 10%는 친정엄마 몫이라고 열심히 살았던 어미처럼 딸도 그리 산다면 잘살았다는 고백을 하는 날이 올 것이다.

바리바리 실어 보낸 딸에게 "장모 복도 있다."는 사위 말은 결혼생활이 만족하고 행복하다는 말도 들어 있다.

'딸아, 부디 잘되고 잘되거라.'

돌아서던 날

알만한 주변 사람들은 다 아는 얘기를 처음 듣던 날.

남편의 표정은 복잡했다. 십여 년 전 일이니 어처구니가 없었을 게다. 다시 말하면 배신감마저 들지 않았을까.

2007년도 7월부터 시작한 수술과 입퇴원을 다섯 번이나 반복했던 지독하리만큼 긴 터널 진입에 전조등마저 고장 난 재수 없는 내 인생의 흑역사다.

성대종양수술 후라 먹을 수도 없거니와 말도 제대로 할 수 없어 필담으로 의사소통을 하던 때고 몸무게는 14Kg이나 빠져 누워서만 생활하니 안방에 들어오는 것조차 싫다고 했다.

하루 종일 하늘만 바라보고 먹지 못하니 신경이 예민해져 짜증만 내고 먹을 걸 해 와도 본체만체했으니 드디어 폭발했다.

"차라리 죽어라… 나라도 살게"

남편의 이 말은 진심이었다. 아무리 아니라고 해도 그건 본심이란 걸 안다. 나도 허구한 날 아프기만 했던 친정어머니가 죽기를 바랐다. 튼튼한 새엄마 얻어서 살면 좋을 것 같다는 생각을 했으니 오죽하면 차마 하지 말았어야 할 말을 했을까.

"그래 둘이 같이 죽자"

오랫동안 아니 하루 정도 서로 입을 열지 않았다. 서운하지는 않았다. 나 역시 눈을 뜨기 싫은 날이 하루하루 늘어가고 지칠 대로 지쳐 손가락 끝까지 힘이 빠지고 등가죽은 침대에 딱 붙었다.

이튿날 남편이 나가자마자 간단하게 짐을 쌌다. 택시를 타고 시외버스 정류장에 왔지만, 목적지가 없다. 딱히 정하지 않고 나왔으니 의자에 앉아 한참을 고민했다.

남쪽이나 북쪽 청주에서 4시간이면 가장 먼 거리다. 돌아오지 못할 곳으로 멀리 가고 싶다. 아는 여인네가 아는 척을 했지만 무표정으로 대답을 했다.

한 삼십 분이 지나니 얼른 이곳을 빠져나가고 싶어 속리산행 버스를 탔다. 집 앞으로 지나가는 것을 알기에 눈을 감았다. 나는 지금 도망가는 거다. 더 이상은 살고 싶지 않다.

남편이 어제 한 말이 밤새 괴롭혔다. 둘 다 죽으면 자식들은 어쩌고. 생각이 깊으니 아무것도 보이지 않고 들리지 않았다.

보은에서 다시 속리산으로 가는데 손님이라고는 달랑 나 하나다. 백미러로 흘긋흘긋 쳐다보는 기사 양반이 내 표정을 읽은 것 같다. 세상은 온통 꽃이 만발한 5월인데 어찌 저런 슬픈 모습으로 어디를 가나.

딸은 계속 문자를 보낸다.

"엄마, 오늘은 어제보다 더 좋아지고 내일은 오늘보다 더 좋아질 거야."

매일매일 하루에 세 번씩 전화에 세 번씩 문자를 보내며 힘을 내라지만 컴컴한 터널은 빛이 보이질 않는다. 다섯 번의 수술로 내 몸속의 진액은 다 빠져 버려 9개월이 지나도 몸무게가 늘지 않으니 자꾸만 헛발길질을 한다.

가족들과 나들이 나온 사람들이 자꾸만 쳐다보는 것 같아 일부러 혼자 여행 나온 여행객처럼 행복한 척했지만 마음이 슬프니 이것도 못 할 일이다.

법주사 입구에서 일부러 고개를 오른쪽으로 돌렸다. 오늘만큼은 청동미륵보살의 미소도 보고 싶지 않다. 철철 넘쳐 흐르는 약수도 본체만체. 아무데나 걸터앉아 누군가 말을 걸어올까 봐 고개를 푹 숙이고 오른발로 애꿎은 땅만 팠다.

다섯 번째 수술하려고 입원하던 날. 처음으로 알게 된 아들은 머리카락이 빠진 정수리를 보고 펄펄 뛰면서 울었다. 미국에서 돌아가셨다는 연락을 받았더라면 난 어떻게 사냐며 제발 살아만 달라고 몸부림치며 애원했던 말들이 귓전을 울린다.

살아온 날들이 허망하고 덧없고 슬퍼서 눈물이 난다. 이겨 내려고 참았던 눈물이 주체할 수 없어 흐느끼며 울었다.

얼마가 지났을까. 가지가 척척 늘어져 땅에 닿을 만큼 소담스럽고 화사한 왕벚꽃이 마치 날 기다렸다는 듯 오롯이 나만을 위하여 한꺼번에 개화해 꽃 잔치를 열어주는 것 같다. 몸만 돌렸을 뿐인데 보이지 않았던 꽃들이 눈에 들어와 물안개가 걷히듯 마음이 환해져 왕벚꽃나무 주변을 오래도록 서성거렸다.

그래, 돌아서는 거야. 며느리도 얻고 시집도 보내야지. 무릎을 딱 치고 나니 그동안 못 먹었던 것들이 한꺼번에 허기로 몰려와 발걸음은 자연스레 식당으로 향했다. 몸이 원하는 대로 비싼 음식을 시켜놓고 천천히 음미하면서 먹으니 옛날 맛이 살아나는 기이한 일이 생겼다.

그날부터 먹기 시작했다. 무엇을 먹을까 애들 이름 부르듯 이름을 부르며 물어봤다. 부드러운 카스텔라, 열량이 높은 초코파이를 장롱 속에 감춰 놓고 남편이 외출하면 몰래 꺼내 먹었다. 남편이 있으면 무조건 쪼끔만 먹고 일부러 힘이 없는 양, 살고 싶지 않는 양 앙큼한 연극을 했다.

그런 일화를 남들한테는 신이 나게 얘기했지만, 남편한테는 말하고 싶지 않았다. 진담으로 들었기에 보란 듯 복수를 하고 싶었다. 감정의 기복이 뒤엉킬 때나 억지를 부리고 싶을 때는 꽃등심이나 황도를 요구하고는 은근히 즐기면서 일부러 맛없다고 투정을 부리고 또 다른 것 도가니탕을 시켰다.

먹는 거로 봐서는 일어나지도 못해야 되는데 점점 좋아지는 것이 남편도 이상하다고 했다. 손톱만큼씩 좋아지고 얼굴에 화색이 돌 무렵 10kg이나 몸무게가 빠진 늙은 남편의 모습이 보였다. 독기를 품었으니 간병하느라 고생한 모습도, 마음도 보이지 않았다.

마음속 깊은 곳에 있던 비밀의 방 열쇠를 열자 그 안에 잠자고 있던 미움도, 억지도, 투정도 나비가 되어 하늘을 향해 날아가고 대신 남편의 고마운 마음이 자리를 잡는다.

지독한 말 한마디로 돌아서게 했으니 이보다 더 좋은 특효약이 또 있을까.

달챙이 숟가락

얼마 전 여행사에서 테마여행을 간다기에 남편에게 메밀가루를 부탁했다.

퇴직 후 점심은 대충 먹거나 각자 모임에서 해결하는 걸로 잠정 합의를 봤다. 빵이나 떡 아니면 고구마나 감자에 우유 한 잔 그리고 과일 몇 조각이 일상화됐다.

드디어 오늘 당첨된 것이 메밀 수제비다. 먼저 한 덩이 반죽해서 냉장고에 숙성해 놓고 감자를 까려고 달챙이 숟가락을 잡는 순간 할머니, 어머니 온기가 전해져 온다.

이 숟가락으로 얼마나 많은 감자를 깠을까. 때로는 껍질째 가마

솥에 삶기도 하고, 비 오는 한가한 날이면 아궁이 앞에 앉아서 한 소쿠리 까서 분이 나게 삶은 것을 이 방 저 방 건넸을 것이다.

열세 식구가 한집에 살았으니 매 끼니마다 얼마나 고단했을까. 보리를 절구에 찧서 밥을 하고, 만능 가마솥에는 한쪽에 호박잎. 그 옆에는 가지 몇 개. 고추를 숭숭 썰어 넣은 된장 뚝배기를 한가운데 넣고 조심스럽게 불을 때면서 오늘 같은 세상이 오리라고는 꿈도 꾸지 못했을 것이다.

시아버지가 하늘나라로 가신 후 사시던 집을 오랫동안 갈 수가 없었다.

그건 순전히 두려움이었다. 다섯 번의 수술로 요단강을 건널 뻔했으니 그걸 이겨 내는데 몇 년이 걸렸으니 말이다.

사람 사는 온기가 떠나니 마당은 온갖 잡풀들이 주인 행세를 하고, 뽕나무와 가시오가피 나무는 거목이 됐다. 도려낸 감나무 둥치 옆엔 정열적이고 우아한 목단꽃이 빈집을 지키고 있었다.

남편은 몇 번에 걸쳐 옛 모습을 찾아내고 어머니의 놀이터였던 텃밭에 고랑을 냈다. 포실 포실한 흙에게 너무 늦게 왔노라 미안하다는 말은 진심이었다. 고추와 호박. 가지와 오이를 심고 들깨와 대파도 심었다. 평생 가지고 놀던 호미에 힘을 줄라치면 툇마루에 어른들이 앉아서 흐뭇하게 웃고 계시는 것 같다.

할머니는 달챙이 숟가락으로 참외를 긁어 오물오물 잡수시던 모습이 그리 멀지 않은 것 같고, 아버님이 늘 신문을 읽으시던 빈 의자는 그날 그대로 누군가 와주길 기다리고 있다.

사랑채 방문을 열어보니 할머니, 할아버지 사진이 반갑게 맞이한다. 마음으로 정리하지 못한 옷가지들, 재산 밑천이었던 재봉틀, 자개농도 먼지가 소복이 쌓였지만 내 나이도 버리고 줄여야 할 판이니 몇 번 만지작거리다 결국은 슬며시 놓고야 만다.

동네에서 제일 불쌍한 사람이란 얘기를 몇 번이나 하셨던 시어머니. 그 말을 왜 하셨는지 알지 못했다. 며느리가 맘에 안 들으셨는지, 아니면 하는 것이 못마땅했는지 마음으로 깨닫는데 긴 시간이 필요했다.

드디어 60이 넘고 보니 귀도 순해지고 어머님을 가슴으로 안아드리지 못한 회한은 있지만 딸 같은 며느리가 됐더라도 며느리는 결코 딸이 되지는 못했을 것이다.

남편이 18개월 때 매일 보채고 울며 엄마만 찾던 손자를 할아버지는 내다 버리라고 했단다. 전쟁미망인이셨던 어머닌 어린 두 아들이 있는 곳으로 친정아버지에게 떠밀려 오셨다. 호랑이보다 더 무서운 시할머니가 손자를 호위했으니 안아 볼 틈을 주지 않아 어머닌 늘 외톨이이었다.

양딸이라도 키워 보려 애써봐도 누구 하나 편이 돼주지 않았다. 특히 남편이 거세게 반기를 들었기에 한 번도 젖을 물려 보지 못한

휑한 가슴은 일평생 얼마나 허전했을까. 온 우주 안에 내 편이 없어 가슴 졸여가며 친정 조카들 손에 용돈을 몰래 쥐어주며 고모를 부탁했지만 정작 세상을 떠날 때는 이 무슨 소용이 있으랴.

"나중에 너하고 살고 싶다."라고 은근히 바라셨지만 알츠하이머진단을 받기도 전에 정신 줄을 놓으셨다. 새집으로 이사를 했을 때도 이만하면 성공했다고 두 손을 맞잡고 좋아하셨건만 친 시어머니가 아닌지라 며느리 구박은커녕 쓴소리 한 번 못 하시고 제일 불쌍한 여자로 사셨던 어머니.

오늘 내게 달챙이 숟가락 온기로 찾아오셨다.

시금시금한 열무김치 한 보시기에 메밀 수제비를 먹으면서 일꾼들 새참 만들다 미끈유월을 어찌 보냈는지 모른다며 오근 자근 대화 중이다. 한 수저에 그리움을 얹고 또 한 수저에 메밀꽃을 얹는다.

반갑게도 창밖에는 장맛비가 시작을 알린다.

텃밭에 심은 가지가 한 뼘은 더 자라고 호박 넝쿨은 신이 나서 지붕 위로 올라가겠지.

내일 동이 트면 어른들 만나러 가야겠다.

내 나이를 사랑하자

거울 앞에 섰다.

콤팩트로 얼굴을 두드리고 눈썹을 그린 다음 립스틱을 바르려니 얼굴이 찡그려진다. 머리를 감으려고 벗어 놓은 안경을 찾기 시작했다.

먼저 세면대에 가보니 없다. 주방으로 다시 거실로 다시 안방으로 혹시나 해서 안방 화장실 문을 빠끔 열어 보니 역시나 없다. 다시 거실을 한 바퀴 돌아 소파를 꼼꼼히 살피고 처음보다 더 침착하게 마치 보물찾기라도 하는 양 두리번거리길 30분째다.

투깔스러운 여편네 골탕 먹이려고 슬쩍 주머니에 넣고 나갔나 생각할 정도로 슬금슬금 약이 오른다. 몇 번이고 정해 놓은 자리에 놓으라는 엄명을 들었지만 들을 때뿐이니 어쩌랴.

'하나님, 제발 안경 좀 찾아 주세요.' 참 어처구니가 없다. 120살까지 사는 것이 목표라고 떠들었건만 무참히 무너지는 순간이다. 이것은 치매는 아니고 단순 건망증이라고 도리질을 해본다. 치매는 적어도 오늘이 며칠인지 100에서 7도 못 빼는 것이 초기 증상이다.

그토록 오랜 세월을 함께한 외할머니가 내 얼굴을 보고 "당신이 누구시길래 손자를 아시우?" 하는 모습에서 치매가 얼마나 무서운 형벌인지 알았다.

지금 안경을 못 찾는 것은 뇌의 일시적인 마비가 틀림없다. 할머니 나이에 비하면 아직은 안심하자. 전날 피로가 다 풀리지 않아 입력, 저장, 등록, 회상단계에 회로가 잠시 엉켰으니 마음을 차분하게 하고 풀어보자.

지난번에는 더 엄청난 일도 있었다. 가스불에 먹다 남은 삼계탕을 한번 끓여 논다며 센 불로 틀어 놓고 신문을 읽다가 깜빡 잠이 들었다. 전화벨 소리에 벌떡 일어나 보니 렌지후드에 불이 붙어 활활 타오르고 있었다. 그릇은 벌겋게 달아올라 용광로에서 막 꺼내 놓은 것 같고 꼭지는 녹아서 형체를 알 수 없다. 무엇보다 다행인 것은 얇은 호일이 불길을 차단해 크게 번지지는 않았다.

한 달이 넘도록 없어지지 않는 냄새와 남편의 지청구 때문에 주눅이 들어 '가스 확인'이라는 쪽지를 주방 문에 크게 써 붙여 놓았다.

성인의 기억력은 한정돼 있기에 외우는 것보다 기억하고 싶은 사물을 시각화하면 오래 기억에 남는다. 달력마다 식구들의 생일이나 기일을 적어 놓고 쌍춘절이라 하여 유난히 많은 결혼식 청첩장도 예외는 아니다. 문서가 중요하다는 평상시 내 지론에 메모장을 활용하지 않으면 실수투성이다.

딸 결혼식 날 미장원에 갔다가 웨이브가 많이 풀려 파마할 때가 됐다는 말에 느긋하게 머리 단장하는 바람에 난리가 났다는 말에 박장대소했다. 또 한의원에서 침을 잔뜩 꽂고 있는데 집에 불이 났다고 연락을 받고 침을 꽂은 채로 달려 가보니 아파트 마당에 소방차가 7대 있었다는 얘기에 비하면 안경 찾는 일은 비교 대상도 아니다.

자고로 건망증은 나이가 들면 자연히 나타나는 노화현상이다. 빨리 찾지 못하는 이유는 안경을 쓰지 않아 보이질 않으니 이건 나이와 상관없는 일이다.

여자에겐 나이란 무엇인가. 아니 남자도 세월이 흐르면 보태지는 게 나인데 여자만 유독 나이 얘기만 나오면 일단 감추려 드는 본성이 있다. 자신의 나이보다 몇 살 더 아래로 보이면 은근히 만족해

하고 얼굴이 환해진다.

아주 오랜만에 만난 사람이 늙어 보인다고 무심코 던진 말로 며칠씩 가슴앓이를 하는 나, 역시 나이의 가면을 벗을 때가 왔다. 자연스럽게 받아들이는 당당함은 젊음을 질투하거나 위선이 아니라 내 나름대로 자신감에 찬 삶의 모습 바로 나이마저 사랑하는 넓은 마음이다.

오늘부터라도 마늘을 곱게 찧어 참깨와 꿀을 섞어서 장기간 복용한다면 안경을 찾는 일은 줄어들겠지.

아뿔싸!

누가 가져다 놨을까. 얌전히 침대 위에다 안경을….

고칠 수 없는 병

잠잠하던 병이 오늘 또 도졌다. 내 생각으론 대학병원이나 더 큰 서울에 있는 병원에 가도 못 고치는 병이다. 아니면 오지랖 병이라도 되는 건지.

오지랖 넓다는 말은 주제넘게 간섭하거나 비아냥거릴 때 쓰는 말이기도 하지만 그래도 마음이 넓다는 표현도 있다. 누가 달라고 하지도 않았는데 주고 싶은 병은 대체 무슨 병일까.

달력에 적어 놓고 기다리던 밤 줍는 날이다. 엊저녁부터 남편에게 다짐을 했지만 막상 아침이 되고 보니 일어나기 싫은 남편도 내심 오늘 아니면 닦달할 마누라 성화를 안다.

아직 어둠이 채 가시기 전 다른 사람들보다 먼저 선점을 해야 한다. 주황색 옷을 입고 앞서 걸어가는 사람은 빈손이다. 다행히 밤 주우러 가는 폼은 아니다. 벌초하러 갔을 때보다 그동안 사람들이 몇 번 다녀간 흔적에 산에 오르기는 수월했다.

큰 것만 주우라고 남편은 또 당부한다. 그러마 했지만 작은 것부터 눈에 띄니 우선은 줍기 시작했다. 간밤에 떨어진 밤들이 여기저기 많기도 하다. 오른손으로 주워 왼손에 가득하면 보따리에 담았다. 큰 것들도 심심찮게 있으니 금방 무거워졌다. 남편은 보이지 않는다. 분명 큰 것만 주울 테니 작은 거라도 많이만 줍자.

그런데 분명 지나간 자리인데 누가 알밤들을 뿌려 놨는지 아님 사람들 발자국이 그리워 살포시 떨어졌는지 신바람에 정신없이 얼마를 줍다가 허리를 펴고 남편을 부르니 저쪽 산이 대답한다. 굵은 밤들이 그득한 것을 보더니 약간 놀란다. 들어보니 내가 더 많기는 하다. 나물을 뜯으러 가도 제일 많이 뜯는다는 말에 은근히 힘을 준다.

세 종류로 분류해 보니 한 말은 더 될 것 같다. 우선 물을 팔팔 끓여 잠시 동안 담그면 밤 속에 든 벌레들이 죽어 오래 보관해도 끄떡없다. 큰 것은 손자 먹이라고 한 봉지. 또 한 봉지는 벼슬한 딸네식구. 거저 얻은 가을 선물을 누굴 주면 좋아할까? 슬금슬금 이 사람 저 사람들이 다가온다.

몇 년 전 전원주택에 살 때 일이다. 마당에서 수확한 검정콩 세 말을 밤마다 손바닥에 올려놓고 특등품을 만들어 자루에 담아 놓고는, 먼 길 오는 사람마다 콩 한 되와 늙은 호박 한 개에 얼굴보다 큰 해바라기를 손에 들려 보냈다.

푹푹 퍼내다 보니 점점 가벼워져 아들 방에 감춰 놓았다. 상대방이 부담스럽게 생각할 것은 아랑곳하지 않고 빈손으로 못 보내는 것이 병이라는 생각을 그때 처음 해봤다.

또 한 번은 겨울이면 콩나물 길러 먹는 것을 좋아해 콩나물 콩을 한 말 사서 길러 먹는 기쁨을 나눠 보고자 모임 때 가지고 나갔다. 그날따라 주고 싶은 사람이 나오질 않아 함께 걸어오던 사람에게 주었더니 만날 때마다 고맙다는 말을 몇 번 들었다.

아침 운동에 만난 사람도 옥상까지 데리고 와 근대며 상추를 한 움큼씩 뽑아주면 무공해라고 좋아한다. 줘도 내일이면 그 자리에 밤새 채워지니 신기하다.

이 병은 분명 유전이다. 친정어머니가 그랬다.

그 당시는 너무 싫어서 밉기까지 했다. 어쩌면 저렇게 실속 없이 퍼 주기만 하는지 뒀다가 자식들 먹이면 될 것을.

내 주위에도 주고 싶어 안달 난 친구가 있다. 택시를 타고 모임에 가다가 기사가 형편이 어려워 옷도 못 사 입는다는 말을 듣고 차를 돌려 집으로 가서 옷을 세 보따리나 싸 주느라 모임에 늦었다는 사람도 분명 고칠 수 없는 깊은 병임에는 틀림이 없다.

남편 친구 역시 마누라 허락도 없이 저장해둔 물고추 간 것 한 봉지와 뽕잎 말린 것을 주기도 하고, 옆집에 살던 남편의 동갑내기 여친은 봄에 귀한 오가피 순을 꽤 여러 번 줘서 맛있게 먹어 놓고는 정작 인사도 못 했다.

제일 작은 것은 눈 오는 날 TV 보면서 쪄 먹어 볼 양 냉동실에 넣었다. 강원도 찰옥수수도 들어 있고 냉동실이 비좁다. 구석구석 욕심도 들어 있다. 나이 들면 병도 굴려가면서 살라 했으니 병 하나쯤 더 추가한들 좋은 약들이 넘쳐나는 세상이니 괜찮다.

남편을 살살 구슬려 밤 주우러 또 가면 된다.

밤이 면역력에 좋고 특히 신장에 탁월하다니 이보다 더 강력한 말이 또 있을까. 창피하게 어떻게 설명하고 약을 사오느냐고 몇 번 말했으니 한밤중에 약 사러 가는 것보다 백배 낫다.

아직 당첨되지 않은 세 봉지의 주인공은 누가 될까?

고스톱 개론학

며칠을 벼르다 미장원엘 간 날.

이곳에서나 읽을 수 있는 달 지난 잡지도 시큰둥하고 차례를 기다리는 동안 소파에 깊숙이 몸을 눕히고 눈을 감았다. 예약한 오랜 단골손님인지 반갑게 인사를 하며 원장은 익숙한 솜씨로 머리를 만진다.

그동안의 안부를 묻기도 전 그 여자는 경찰서에 갔다 왔다는 말을 자랑스럽게 한다. 벌금까지 낸 터라 임용고시에 합격한 딸이 걱정이라고는 하지만 세상에서 제일 재미있는 것이 고스톱이란다.

내 눈이 번쩍 뜨인다. 거울 속에 비친 그 여자는 나보다 대여섯

살은 더 먹어 보인다. 마치 화투 패를 쫙 펼쳐 한판 돌리는 모양새가 분명 타짜다.

이제는 제발 끊으라는 원장의 말은 차라리 죽으라고 하는 것처럼 단호하게 머리를 흔든다. 둘의 대화를 들으면서 나 역시 화투에 입문한 지 언제부터인가 필름을 되감아 본다.

신혼 초, 남편은 심심풀이 화투로 내기를 해서 팔뚝 때리기나 설거지로 시간을 보냈다. 매번 남편이 이겼지만 일부러 기분 맞춰 주느라 내가 들고 있는 좋은 패를 내주면, 그럼 신나라 낄낄대며 내 앞에 나란히 놓고 이긴 게임이라고 으스댔다.

비교적 동적이기보다는 앉아서 하는 공기놀이, 머리핀 따먹기, 자치기, 제자리 줄넘기를 유독 잘해 상대편에서 세는 것조차 힘들다고 재미없다며 아우성이었다. 내 안의 승부욕은 태중에 있었는지도 모른다.

그렇게 배운 것이 아이들 방학이면 이것도 배워두면 써먹을 때가 있다고 꼬드겨서 화투 패 돌리는 것을 가르쳤다. 오죽하면 거실 전등갓 네모 판이 화투판으로 보일까.

아들은 서너 번 만에 별 흥미 없어 했지만 딸은 계산이 빨랐다. 마흔여덟 장을 휘리릭 나눠 주는 폼은 가희 타짜 수준이다. 고스톱 대학이 있다면 영락없이 장학생이라고 자신만만한 딸을 보노라면 애비의 유전자가 다분하다. 서울에서 객지생활을 하는 딸이 오는 날이면 미리 연습한다. 지난번에 따 가지고 날랐던 돈이 얼마인데. 피곤해 지쳐도 한판 벌리고 옥신각신한다.

색상이 화려한 화투는 묘한 마력을 갖고 있다. 보기만 해도 몸의 세포가 살아 움직인다. 귀신 같은 감각과 냉철한 이성으로 덤비지 않으면 아무 소용없는 이등이다.

흔히들 운칠기삼(運七氣三)이라고 하지만 잃었다고 열 받으면 무조건 진다. 이건 실력도 실력이지만 심리게임이다.

그 여자는 한판 하자고 부르기만 하면 오밤중에도 택시를 타고 달려간다고 한다. 어찌 저리도 신이 날까. 남편한테 쫓겨나기도 여러 번 자식들 보기에 부끄럽지만 손을 뗄 수가 없다니 분명 중독자다.

시어머님도 화투를 좋아하셨다. 동네 경로당에서 십 원짜리 화투치고 오신 날은 그곳에서 나눴던 이야기를 하시면서 한동안 동전을 세셨다. 굴러다니는 십 원짜리 동전을 모아 두었다가 동전 주머니를 드리면 큰 선물인 양 고마워하셨다. 요양원에 계실 때도 화투 한목을 챙겨 드렸더니 눈빛이 달라졌다. 분명 온몸에 세포가 놀랐을 거다.

졸고 있던 그 여자에게 전화벨이 울린다. 끝이 나지 않은 머리도 그만하라고 한다. 가운도 벗어 던지고 떠나는 그 여자는 마음이 급한 모양이다. 그 여자의 뒤꽁무니가 아쉽다.

나도 따라가고 싶다.

난, 타짜의 정마담 수준인데.

개떡 찌던 날

동부를 한 움큼 따오던 날이다.

며칠 전부터 남편은 동부를 넣은 개떡을 주문했지만 쉽사리 실행하질 못했다.

개떡 하면 갑자기 외할머니가 보고 싶어진다.

할머닌 말만 하면 조금도 망설이지 않고 밀가루에 소금과 단맛을 내는 당원을 물에 풀어 조물조물 반죽한 다음 겅그레 위에 호박잎을 깔고 금세 쪄 주셨다. 한소끔 지난 후에 먹으면 짭조름하고 쫀득쫀득한 맛이 칠팔월에 먹는 별미 중 별미다.

울 엄마도 아닌 그 어머니인 외할머니는 엄마 이상으로 내 마음을 다독여 주셨다. 내 엄마인 딸이 오십 중반에 중풍으로 한쪽 수족을 못 쓸 때 "너 속상한 것은 하늘이 알고, 땅이 알고 내가 알지."

그 말이 어찌나 위로가 됐는지. 할머니는 딸이고 난 엄마인데. 흐르던 눈물도 멈추게 하고 먹먹했던 가슴도 열렸다. 그래 하늘이 알고 땅도 안다니.

그런데 할머니는 누구한테 위로를 받았을까. 딸의 아픔보다 더 큰 시련과 고통을 이겨내 세상 모든 것이 별개 아니라고 통달을 하셨던 걸까.

친정어머니가 아홉 살 밑으로 동생들이 세 명. 막내 이모는 유복자로 스물일곱에 할아버지가 돌아가셨다는 엄청난 사실은 듣기만 해도 가슴이 따갑고 저려온다.

그때는 함께 살아도 굶주리고 살아 내는 것이 고되고 험한 시절이었다.

열여섯에 입하나 덜겠다고 산 너머로 시집오지 않았더라면 친정어머니는 일본 패망 직전 양곡 공출이 심한 때에 함께 끌려갔을지도 모른다는 얘기는 들을 때마다 두 손이 쥐어졌다.

외할머니의 삶, 그 딸인 어머니의 삶에 이어 내 삶도 시대가 변해 육체적으로 덜 힘들 뿐이지 산다는 것은 거기가 거기고 그 무게는 다 비슷하다는 것을 몸으로 깨달은 것은 오로지 내 편인 줄 알았던 줄이 끊어지고 비로소 홀로된 때다.

할머니는 말을 참 아끼셨다. 세상엔 안 해도 될 말이 있고, 한 번 내뱉은 말은 결코 다시 주워 담을 수 없다는 말의 위력을 늘 당부하셨다. 화를 낼 때에도 거친 말을 할 때도 풀솜할머닌 그림자같이 따라다니면서 참견을 하신다.

"얘야 조금만 참아라."

한 번 더 생각하고 말하라는 할머니는 평상시에 본을 보이셨기에 나이가 점점 쌓여 가도 마음속에 살아 계셔서 늘 가르치시니 얼마나 큰 유산을 상속받은 것인가.

할머니가 해주시던 대로 동부와 강낭콩을 넣어 적당한 소금 간을 한 개떡을 남편에게 대령한 날 친구한테 자랑까지 하는 것을 보니 맛있다고 한 말은 괜한 공치사는 아닌 것 같다.

'할머니, 나도 육십이 넘었어요.'

그리움의 빛이 환하게 다가온다.

8월엔 태양초와 사랑을

전날에 내린 비 때문에 말리던 고추는 온돌 침대 신세를 졌다.

50도로 하루 종일 해 놓고 주인댁은 외출했으니 뜨거워도 말도 못 하고 제 몸을 말리고 있으니 나만큼이나 태양빛이 그리웠을 것이다.

물론 작년만큼 무더위가 기승을 부릴 줄 알았지만 매번 지난해보다 더 덥게 느껴지니 무더위도 싸워야 할 우주 만물 중 하나인가.

누군가를 새로이 만나는 것도 버거워 조금은 심심해도 편안해지는 일상을 정말 아무것도 하지 않고 8월을 보냈다.

유일하게 한 것은 태양초 예닐곱 근을 말려 큰 보물인 양 옥상

한편에 모셔놓고 오르내릴 때마다 눈길을 준다.

물론 8월말쯤 나오기 시작한 만물 건고추가 선을 보이지만 옥상이 있는 집에 살고부터는 매년 태양초 말리는 일에 열중한다. 건조기에서 말린 건 고추와 오로지 햇빛에 말린 태양초와의 차이점을 살림꾼이면 누구나 안다. 꼭지가 연한 연둣빛이 나면 그건 건조기에서 나온 것이다.

올해도 장마가 언제 끝날지 몇 번이고 날씨 상황을 살폈다. 다름 아닌 물고추를 사기 위함이다. 그것도 일찍 사야 만물 중 인물 좋은 고추를 만날 수 있기 때문이다. 김장도 하고 아들딸 양념 고춧가루도 주려면 넉넉하게 20근은 말려야 한다.

작년엔 서울 친구와 태양초를 같이 말리면서 하루에도 대여섯 번 통화를 했다. 내년을 약속했지만 고추 말리기 시작했다는 말도 아직 못 꺼냈다.

직장 다니던 딸이 감기약만 계속 먹다가 큰 병원엘 가보니 아주 무서운 병명으로 지금 간병 중이다. 간호원이었던 딸조차 대수롭지 않게 여겼다가 날벼락을 만났다. 전화도 할 수 없고 기도만 한다는 문자를 보내도 답이 없다.

이젠 고추 말리는 도사가 됐으니 내 비법을 자랑도 할 겸 공개한다. 물고추를 이삼일 그늘에 두어 숙성했다가 비닐에 담아 공기가 통하지 않게 옥상 바닥에 좌악 펴서 넌다. 적어도 네댓 시간 강렬

한 햇빛에 흠뻑 물방울이 생길 정도로 쪄낸다. 뜨거울 정도로 물컹해진 고추를 시원한 그늘에서 쉬게 한 다음 널널하게 펴 놓고 하루 재운다. 다음 날부터는 오로지 하늘에 맡기면 된다.

이게 비법이냐고 너무 쉽다며 코웃음 치면 큰일 난다. 하늘은 쉽게 허락하질 않는다. 여름날은 변덕이 심하다. 아침엔 빤짝했다가 비구름이 몰려오면 여지없다.

쏜살같이 뛰어 올라가도 물속에 잠긴 고추를 하나하나 닦다 보면 또 햇빛이 쨍하니 약 올리기 일쑤다. 고추를 널어놓고 외출했다가 택시를 타고 온 일도 있으니 비가 오면 만들 수 없는 태양초는 그래서 몸값이 건고추보다 비싸게 귀한 대접을 받는다.

김치를 담아 보면 확연히 차이가 난다. 맛도 다르다. 매콤하면서 달큰하고 깊은 맛이 난다면 과찬일까.

한 가지 더 알려 줄 팁이 있다. 시골에서 약간 덜 익은 고추를 따서 말리면 아니나 다를까 여지없이 희나리가 된 것에 급한 성미 탓을 앰한 고추만 나무란 일도 있다. 반드시 충분히 익은 고추라야 붉은빛이 감도는 어여쁜 태양초로 탈바꿈한다.

친구가 전화를 했다. 반가움에 무슨 말을 먼저 해야 할지 모르는데 대뜸 "넌 고추 말리냐?" 둘 다 큰소리로 웃었다. 많이 좋아졌다는 소식을 들으니 내 기도가 헛되지 않음일까.

골고루 뒤집어 줘야 할 시간이다. 하루에도 몇 번씩 옥상에 오르

내리는 일은 태양초를 만나러 가는 즐거움으로 8월에 할 수 있는 유일한 피서 방법이다.

잠시 그늘에 앉아서 하늘을 올려다보니 태양초에게 사랑을 보내는 한줄기 빛이 보인다.

'즐거움으로 더위를 물리치고 즐기면 되는 거지 피서가 뭐 별거야.'

정약용의 소서팔서에 여인의 태양초 말리기를 강력 추천합니다.

3부

화려한 외출

· 화려한 외출

· 한여름 밤의 향연

· 지워진 이름들

· 왜 거길 갔을까

· 세상엔 공짜가 없다

· 여행 중독, 하롱베이를 가다

· 쓰면 이루어진다

· 숨어 있는 보물

· 상류층 입성

화려한 외출

두 번의 태풍이 밀어낸 여름이 물러가고 세 가닥 빨랫줄에 여름옷이 춤을 추던 날.

장롱 속에서 친정어머니를 만났다. 한쪽 구석에 있던 초등학교 졸업식에서 받았던 빨간 통은 오랜 세월이 말해주듯 찌그러지고 색도 변한 고물이지만 차마 버리지 못함은 순전히 어머니 마음 때문이다.

몇 년 전 딸네 집에 오셨을 때 큰 보물인 양 금색 보자기에 싼 것을 건네주면서 "이제부터는 네가 보관하거라."란 말에 그 속은 그리 궁금하지 않았다.

오늘이 바로 개봉할 날인가. 아뿔싸. 맨 먼저 나온 것이 1963년도에 받은 상장이다. 너덜너덜 찢어진 것을 백지 위에 풀칠로 붙였지만 온전하지 않았다.

열 살짜리 딸이 글쓰기 솜씨가 뛰어나다고 쓰인 상장을 몇 십 년을 품고 사시면서 대단하게 될 줄 알았을 어머니를 생각하니 후회가 밀물처럼 가슴을 후려친다.

유난히 책 읽기를 좋아했던 시절이 생각난다. 무슨 책이든 손에 쥐면 끝까지 읽던 습관도 그때 생긴 것 같다. 점심도 굶은 채 두꺼운 책을 다 읽고 난 후 얼마 동안 고개를 돌리지 못해 고생한 기억은 오늘을 있게 한 추억거리다.

정확히 말하면 서른일곱 살 때다.

시간이 아까워 도저히 잠을 이루지 못하고 무슨 책이라도 한 권 읽어야 했다. 물론 직장생활로 몸은 피곤했지만 마음이 불안했다. 아이들은 막 초등학교에 들어가 시간적인 여유만은 결코 아니었다. 나를 짓누르는 그 무엇, 진정 그 무엇이 내 인생에 만족감을 줄 수 있을까.

그해 5월, 드디어 화려한 외출을 감행했다.

3·1공원과 충북여성백일장. 아카시아꽃이 팝콘처럼 피어나던 그날. 심장은 터질 것 같고 왜 그리도 손이 떨리든지 도저히 글씨를 쓸 수가 없어 왼손으로 오른손을 붙들며 원고지 칸을 메워갔다. 교

내 백일장 이후 까맣게 잊고 살아온 내게 삼십 대 후반에 만난 여성백일장은 내 삶의 활력소요, 탈출구요. 나를 찾는 무의식 세계를 요동치게 했다.

물론 정석으로 글쓰기를 배운 적은 없지만 또 다른 도전이었다. 글쓰기의 창작은 자기 자신과의 끊임없는 싸움이요, 마음속의 무수한 방들을 한 칸, 한 칸 비우는 작업이다. 응어리로 옹이가 된 한을 실타래처럼 풀어내는 일이다. 그것은 어떤 보석보다 더 만족감과 성취감을 안겨줬다. 한 편의 글이 완성되면 그 글을 둘러싸고 있는 모든 문제들이 구슬에 꿰어 있는 것처럼 생명력이 있고 품격이 달라진다. 또한 활자는 묘한 마력이 있다.

최근에 『쓰면 이루어진다.』라는 책을 읽은 후 올해 안에 이루고 싶은 소원이나, 갖고 싶은 물건이나 가고 싶은 여행지를 수첩에 적은 다음에 우주를 향해 미사일을 쏘아 올리는 거창한 일을 했다. 그리고는 수시로 점검을 한다.

지구 반대편에 있는 또 다른 '나'는 그 일을 이루기 위하여 부지런히 움직인다. 다른 사람들을 칭찬하는 것처럼 자신을 마냥 칭찬만하면 나도 모르는 사이에 그 일은 반드시 이루어지고 만다.

서른일곱 살에 감행한 화려한 외출 덕분에 친정어머니를 모시고 떠났던 여행을 제목으로 한 『시간여행』이라는 수필집을 책꽂이에 꽂을 수 있었다. 무엇보다 가슴에 책을 꼭 안고 환하게 웃으시며 자랑스럽다던 말 한마디와 옷장 속에서 만난 50년도 더 된 상장이 날 버티게 한 것임에 틀림없다.

오십 대에 만난 내 인생의 최대 고비였던 된서리에도 이겨 낼 수 있었던 것은 바로 글쓰기였으니 말이다. 이건 고행이 아니라 나를 일으켜 세운 보약이요. 삶을 연장시켜 준 생명줄 같은 버팀목이다. 서른일곱 살부터 내 몫을 내 시간을 챙겨야겠다는 도전장이 자식들 다 떠나가도 빈 둥지 증후군을 모르고 산 보상이다.

동네에서 제일 불쌍하다고 말씀하시던 시어머니도 달챙이 숟가락의 온기로 결코 불쌍하지 않은 어머니로 승화시켰으니 활자는 참으로 요술쟁이다.

육십을 넘고 칠십을 넘겨도 아카시아꽃이 온 천지에 흐드러지게 피던 그날을…

최고의 화려한 외출로 감히 명명한다.

한여름 밤의 향연

서둘러 저녁 식사를 끝내고 갈 곳이 있다. 준비물은 단지 휴대폰 하나면 된다.

하루 종일 내리쪼인 거실의 온도는 내려갈 줄 모르고 34도다. 에어컨도 쉬게 할 겸 남편하고 옥상으로 올라간다.

긴 호수로 물을 뿌리면 더운 열기로 김이 모락모락 확 퍼지면서 물이 금방 마른다. 신을 벗고 맨발로 천천히 걸으면 지열로 따끈함이 발바닥부터 전신에 퍼지고 두 팔은 자연스레 하늘로 향한다.

남편은 저장된 노래를 선곡한다. 으레껏 첫 번째 곡은 진보라의 「바람아 구름아」다.

바람이 불어오는 곳을 어떻게 알 수 있나
어디서 와서 어디로 바람은 그렇게 부는 걸까

이쯤 되면 남편은 큰 소리로 따라 부른다. 워낙 노래를 좋아하는 데다 최근엔 노래 교실까지 다녔으니 자신감이 한층 고조되어 마누라 앞에서 단독 콘서트를 한다. 의자에 앉아 두 손을 좌우로 흔들며 작은 소리로 따라 부르면 남편은 이미 가수가 되어 폼이 그럴싸하다. 판을 내 보자고 부추기며 매니저 한다고 설레발을 떨면 꼬리를 내린다.

반드시 듣는 다음 곡은 역시 진보라의 「나를 위해 울지 마세요」다. 1983년에 서울국제가요제 출전 곡인데 분명 가슴 아픈 사연이 있는 애달픈 선율이라 들을 때마다 묻고 싶지만 묻지 않는다. 한가지쯤은 가슴에 품고 사는 것이 있어야 혼자 있을 때, 외로울 때 그 가사에 젖어 푹 빠져보라는 38년 함께 살아온 배려다.

건너편 아파트에 불빛이 하나둘 늘어나고, 슬픈 사람, 살기 힘든 사람들 바라보라고 일찍부터 불 밝힌 크고 작은 십자가들.

어스름하니 해 질 무렵 하늘은 붉게 물들고 반달보다 작은 달은 온 우주에 있는 별들을 데리고 화려한 무대를 꾸민다.

이제부터는 선곡의 기회가 왔다. 신청곡은 나훈아의 「남자의 인생」이다.

어둑어둑 해 질 무렵 집으로 가는 길에
빌딩 사이 지는 노을 가슴을 짠~하게 하네
광화문 사거리서 봉천동까지 전철 두 번 갈아타고

여기서부터는 둘이서 화음을 맞추면서 큰 소리로.

지친 하루 눈은 감고 귀는 반 뜨고 졸면서 집에 간다
아버지란 그 이름은 그 이름은 남자의 인생

진짜 가슴이 짠해서 곡이 끝나도 계속 흥얼흥얼하다 보면 어둠은 더욱 짙어지고 한 3도 정도는 내려간 시원한 바람이 어디서 불어왔는지, 구름은 어디서 왔는지 진보라의 노래를 다시 듣게 된다.

마지막으로 꼭 듣게 되는 곡은 나훈아의 「홍시」다.

생각이 난다 홍시가 열리면 울 엄마가 생각이 난다
자장가 대신 젖가슴을 내~주던 울 엄마가 생각이 난다

험한 세상 넘어질세라 사랑 땜에 울먹일세라

잠시 둘은 생각에 젖는다. 영원한 내 편인 줄 알았는데 돌아서서 울어 줄 엄마는 없고, 나이 드니 절로 둘 다 고아가 됐으니 서로 의지할 수밖에.

자식들 위해서 울어줘야 하고 걱정 말라 웃어줘야 하는 아들놈이 손자 동영상을 보내왔다. 어둠 속에 손자의 웃음소리가 한여름 밤의 향연에 화룡점정이다.

> 아빠 곰은 뚱뚱해
> 엄마 곰은 날씬해
> 아기 곰은 너무 귀여워
> 으쓱 으쓱 잘한다

박수갈채를 보내며 오늘 공연은 이것으로 끝입니다.

지워진 이름들

실수로 열린 핸드폰에 친구 이름이 떴다.

쉽게 닫질 못하고 한참이나 들고 있으려니 봄내 앓았던 아픔이 지금도 아프다. 죽어서 헤어질 때까지 함께하자며 어린애처럼 새끼손가락을 걸며 약속을 했지만 전적으로 내 탓은 아닌데 덤으로 짤렸다.

몇 번의 문자를 보냈지만 끝내 답을 주지 않았다. 그리 독한 사람인 줄 몰랐다.

성대종양수술로 아무것도 먹지 못할 때 친구는 문턱이 닳도록 무엇이든 먹어야 산다며 매일 먹을 것을 물어오다시피 했다. 보신탕을 먹어야 기력이 회복된다며 남편 여름 보양식을 가져오기도 하고, 제주 은 갈치를 구워서 가운데 두 토막을 기름종이에 싸서 가져 왔을 때는 눈물이 날 정도로 고마웠다.

그 맛있는 것을 내가 안 먹어야 남에게 줄 수 있다는 것에 그 은혜를 평생 잊지 않겠노라 다짐을 했지만 아직 시작도 못 해보고 마음을 접어야 했다.

친구라는 존재를 굳이 돈으로 환산하면 한 명에 1억이라는 평생에 한 번 만져볼까, 말까한 거금이라면 얼마나 소중하고 귀한 존재인지 알 수 있다.

어려운 곤경에 처했을 때 자식을 맡길 만한 친구가 있다면 그 친구는 진짜 친구라고 한다. 반면에 내게 그런 엄청난 부탁을 하는 친구가 있다면 고민하지 않고 주저하지 않고 들어 줄 수 있을까?

몇 년 전만 해도 새로운 사람을 만나는 즐거움으로 일 년에 열 명씩 만드는 게 목표인 때도 있었다. 1군 2군 3군으로 나눠 친구들을 분류했다. 일 년에 두세 번 전화해도 마치 어제 한 것처럼 대화가 끊이지 않는 친구와 매달 만나는 정기모임 친구는 1군. 2군은 가끔 어쩌다 소식이 궁금한 친구들. 3군은 나보다 먼저 걸려 와서 근황을 묻는 친구다.

지금 생각해 보면 참 부질없고 어리석고 소갈머리 없는 짓이다.

친구는 모름지기 시간을 같이하고 필요하다면 한달음에 달려가고

노가 없는 무조건 예스이건만. 한두 번 거절했다고 본인이 원하는 답이 아니라고 내뱉은 말이 비수로 박혀 의도치 않게 상처를 입는다. 그 사람 때문에 불쑥불쑥 불덩이가 치밀고 더 이상은 상대하지 말자고 하루에도 몇 번씩 자책을 한다.

인간관계가 그리 쉬운가. 부부 사이도 그렇고 자식들과의 관계도 조심하지 않으면 섭섭증과 삐쟁이가 자리를 잡아 힘들 때가 한두 번이 아니다. 남이야 안 보면 그만이지만 가족은 최대한 예의를 지켜야 한다. 그 만남이 누구보다 가장 오래도록 함께 가야 하는 여정이기 때문이다.

수없이 많은 사람을 만나고 헤어지는 반복 속에 몇 개월 또는 몇 년. 가장 힘들었을 때 만난 절대자와의 만남은 영원하지만 그렇지 못한 만남도 부지기수다.

우연한 만남으로 삶에 영향력을 미친 사람이 있는가 하면, 만나지 말았어야 할 만남도 종종 있다. 이는 절대 상대적이지 않길 바랄 뿐이다. 그렇다면 '나'라는 존재를 객관적으로 보고, 과연 상대들도 날 1억만큼의 소중한 친구로 저장된 사람들이 몇 명이나 될까.

인간에게는 바꿀 수 없는 본질이 있다. 그 본질을 알지 못해서 내 눈높이로 판단하고 내 뜻대로 바꾸려 안달을 한다. 바꾸려 하지 말고 있는 그대로 인정하자. 그 모습이 그 사람이니까. 그냥 내 버려두고 적당한 거리 조절로 살짝 떨어져 지내는 연습을 한다면 이

전 관계로 회복이 될 수 있다.

더 이상은 지우면 안 된다. 한때는 그들로 인해 행복했고, 마치 보석을 만난 듯 오래도록 설렌 날도 있고, 한때는 세상이 살만하다고 큰소리친 날도 있지 않은가. 서로 바라보는 관점이 다를 뿐인데 우기고 옴니암니처럼 달려들어 이기고 나면 무엇하리. 괜스레 까불다가 성안에 갇힌 독불장군처럼 외로운 삶 고독한 삶으로 재미없이 시시한 삶을 살 것이 뻔하다.

음식만 담백함이 있는 것이 아니라, 치밀어 오르는 불씨를 물로 차분차분 적시는 담백한 삶으로 나이에 맞게 어우렁더우렁 넉넉한 마음을 품어 보자. 사랑의 빚 외에는 지지 말라 했지만, 투병생활로 힘들 때 함께 가자던 친구에게 내가 먼저 손을 내미는 용기가 필요하다.

오늘은 내게 담백함이라는 보약 처방전을 내려야겠다.

왜 거길 갔을까

눈발이 휘날리는 오후.

달랑 하나만 들어 있는 우편물을 장바구니에 넣고 집안에 들어섰다. 창가에 서서 한참 동안 내리는 눈을 바라보다가 문득 우편물이 생각났다.

'주 정차위반 사실 통보서' 분명 남편의 차량번호가 또렷하다. 가볍게 일렁이는 묘한 것은 그까짓 과태료는 문제가 아니다. 아니 친구들과 부산 해운대로 여행을 떠나던 날이 아닌가.

상상력은 날개를 달고 KTX 타는 대전까지 데려다 준다는 호의마저 의심의 꼬리를 문다. 덩그마니 혼자만 남겨두고 떠나는 여행이

미안해 도망치다시피 떠났는데.

왜 거길 갔을까?

위반 장소는 높게 담을 친 아파트 신축공사장 앞이다. 그 시간대는 편하게 주차해도 되리라 생각한 남편의 판단에 쐐기를 박은 것이다. 나 역시 그 자리에 주차한 경험이 있기 때문에 주변 상황을 뻔히 안다. 그러기에 이 문제를 어떻게 풀까. 머리를 굴리기 시작했다.

콘도를 예약한 서울 친구 덕분에 처음으로 타 본 KTX. 미끄러지듯이 출발하는가 싶더니 휙휙 지나가는 풍경이 어지럽다. 그 만남이 족히 40년도 더 된지라 이야기보따리가 기차 길이보다 더 길다. 여행을 좋아하는 친구가 동행하지 못해 옆자리는 비어 있지만 친구가 당한 슬픔을 함께하지 못한 마음이 더 크다. 며칠 전 남편이 암으로 세상을 떠나 말도 꺼내지 못하고 셋이서 떠난 여행이다.

해변을 따라 세워진 높은 고층 빌딩 숲과 잔잔한 물결 위로 유유히 멀어지는 유람선이 오륙도 섬 뒤로 사라진다. 너무도 변한 해운대의 모습과 여행지에서의 낯설음이 주는 객기가 발동한다.

서둘러 여장을 푼 뒤 동백섬을 지나 모래사장을 거닌다. 가족들과 산책을 나온 강아지가 흰 갈매기와 장난을 친다. 철썩거리는 파도 소리와 연인들의 웃음소리에 문득 객지 생활을 하는 아이들이 보고 싶다. 모래 위에 아이들 이름을 쓰고 나니 파도가 이내 지워

버린다. 마치 가족도 집도 잊어버리고 마음껏 자유를 만끽해 보라는 충고 같다.

일상을 쉽게 탈출하지 못하는 변변함에는 용기가 필요하다. 주부가 건강하고 즐거워야 집안이 잘 돌아간다는 사실은 누구나 안다. 이에 친구는 사진 기술을 습득해 개인전을 열기도 하고, 학교 다닐 때 하고 싶었던 고전무용을 오십이 넘어서야 실현하고서 아주 만족해했다. 외국인 근로자들에게 한국어를 가르치는 서울 친구. 빈 둥지를 탓하지 말고 가지고 있는 것을 나누면 채워진다는 비밀을 터득한 친구들이다.

오랜만에 별렀던 여행인지라 자기 자신한테 최대한으로 대접하자는데는 모두 이의가 없다. 집에서는 아이들이나 남편에게 한 번 더 주려고 먹지 않았던 도가니탕을 보약처럼 먹었다. 큼직한 문어도 살짝 데쳐 실컷 먹으면서 호사를 누렸다.

때로는 남편도 혼자 있는 시간이 필요하다. 무슨 선심이라도 쓰듯 이번엔 곰국도 끓여놓지 않았다. 한나절도 못 견뎌 외출한 것을 들키다니. 야릇한 웃음이 자꾸만 나온다. 허점을 좀처럼 보이질 않아 구박을 받아오던 내겐 절호의 찬스다.

'왜 거길 갔을까. 혹시…'

퇴근하고 돌아온 남편에게 들이민 고지서에 고개를 갸우뚱거릴 뿐 흔들이지 않는 눈빛에 철없는 작은 여자만 보인다. 무슨 빌미라도 잡을 듯 호들갑을 떨던 수선스러움이 오히려 부끄럽다.

친구의 제과점이 거기 있다는 것을 예전에 왜 몰랐을까.

세상엔 공짜가 없다

휘날리던 눈발이 잠잠하다. 창가에 서서 잠시 망설이다 주섬주섬 옷을 입는다.

지금 할 수 있는 일이라곤 이것뿐인데. 막상 나와 보니 찬 기운이 오싹하다. 괜히 나왔나 후회했지만 발걸음은 운동장을 향한다. 트랙을 돌고 있는 사람들을 재빨리 세어보니 여섯 번째다.

내 지정은 5번 레인. 1번 레인보다는 좀 더 멀리 그렇다고 8번 레인은 아직은 아니고 딱 중간레인이다.

오후 햇살이 확 퍼진 이때쯤 시작한 것이 운동장 트랙을 도는 일이다. 운동이라곤 정말 숨쉬기 운동이외엔 하지 않았는데 오로지 살기 위해서라니 딱도 하다. 어이없게도 산은 다시 내려올 것을 왜 힘들게 올라가냐고 비아냥거렸고 운동장을 열심히 도는 사람들은 얼마나 할 일이 없으면 금쪽같은 시간을 저렇게 죽이나 내심 흉을 봤다.

그런데 죽음의 문턱에서 병원 창밖을 하염없이 바라보며 내 몰골이 말 할 수 없이 처참하여 얼마나 부러워했던가. 시간을 허비하는 것이 아니라 유산소 운동을 통해 근력을 키우며 자기 관리를 하는 데 내 기준으로 호도한 대가를 치르는 자신이 한심스럽고 부끄러웠다.

오로지 내 탓일까. 아님 하나님의 계획하심일까.

천사와 내기한 욥의 고난처럼 나도 내기를 너무 좋아해 그 게임에 걸려든 것임에 틀림없다. 말하면 무엇하리.

고3 때 쉬는 시간에 옛날 영화에 나오는 남자 주인공 이름을 거론하다가 거의 반 전체가 합세해서 공격하던 일도 있었다. 지금 같았으면 금방 확인이 가능했겠지만 끝내 굽히지 않고 우겼던 내기 사건이다.

톨스토이 작품에도 기가 막힌 내기가 있다. 그 자신도 나만큼 내기를 좋아했음이 분명하다. 몇십 년을 책만 읽으면서 홀로 지내는 게임을 이긴 후에는 어마어마한 포상이 있는데 그 주인공은 마지막 날 탈출했다는 줄거리다. 하찮은 내기가 인생을 얼마나 헛되고 무모하게 하는가를 얘기해주는 톨스토이 고백일 것이다.

마치 한숨 푹 자고 난 후 꿈에서 깨어난 것 같았다. 새벽에 눈을 떠 보니 된서리를 흠뻑 맞아 이전으로 되돌아갈 수 없는 모습에 당혹스러웠다.

왜 몰랐을까. 8시간이나 하는 대수술을 마치 작은 종기 정도로 가볍게 여긴 어리석은 실수 때문에 힘겨운 고통과 자책감으로 이중고를 겪어야 했다.

무엇보다 힘든 것은 물도 마음대로 마실 수 없어 수저로 떠먹어야 하고 음식을 넘길 수 없으니 죽도 한두 번이지 흰색만 봐도 진저리가 날 정도다.

성대종양수술을 하고 나서 얼마 동안은 말도 할 수 없었다. 가족간의 의사소통도 필담으로 해야 되니 예민해질 수밖에.

병문안 온 이웃에게 물만 짜서 먹던 수박 접시를 내동댕이쳐서 박살이 났다. 혼비백산으로 도망치다시피 간 이웃을 몇 달이 지난 후 찾아가 '그때 내가 미쳤어요. 용서하세요.'라고 말하니 충분히 이해한다며 환하게 웃어 주었다.

6개월째 배부르게 먹질 못하니 위도 반으로 줄어들고 체중은 쑥쑥 내려가 정말 미치지 않고는 일어 설 수가 없었다.

어찌 남 탓만 하고 웅크리고 앉아 독기만 품고 있다면 내 안에 있는 난 진짜 어른이 못 된다. 「리버보이」에 나오는 삶의 마지막 순간에 남긴 할아버지의 교훈은 '인생이란 가장 슬픈 날 가장 행복하게 웃는 용기를 배우는 것'이라 했다. 시원하게 못 울고 참고 있어서 슬픈 거다. 참지 말고 울고 싶은 만큼 울음으로 토해내는 거다.

생명의 리듬에 몸을 맡기고 다시 일어서는 거야. 쓸모 있는 나무는 삶이 고달프지만 쓸모없는 나무는 천수를 누린다니 더 이상 자책하지 말고 쓸모없는 나무가 산을 지키는 산으로 가자. 내가 살 길은 바로 저 산이다.

배낭에 따뜻한 물과 부드러운 빵과 책 한 권을 넣고 돗자리도 챙겼다. 우선은 남하고 말하기가 불편하니 될 수 있으면 꽃과 나무에게 말하고 심지어는 밟고 지나가는 나무뿌리한테도 말을 걸었다. '너도 아프겠다. 그냥 참는 거지~.'

마음을 바꾸니 삼라만상이 다시 보인다. 마치 날 기다렸다는 듯 도와주겠다고 난리다. 시원한 바람이 손을 잡아 주고, 분명 꽃망울이었는데 순간 활짝 펴서 웃어 준다. 햇볕마저 그늘에 숨어 걸어가는 곳마다 따라온다. 돗자리에 누워 하늘을 보니 구름도 몰려와 커다란 하트를 그려준다.

'그래, 세상엔 공짜가 없다.'

다시 내리기 시작한 함박눈을 맞으며 발걸음에 신명이 난다.

오늘은 7번 레인으로, 내일은 8번 레인아 기다려라.

여행 중독, 하롱베이를 가다

벽에 걸려 있는 사진을 바라본다. 아직도 그 당시의 소소했던 재미보다는 배경에 먼저 눈이 간다.

이웃사촌들로 만나 꽤 오랫동안 계금을 모아 부부동반으로 10명이 떠난 해외여행. 캄보디아의 앙코르 와트와 베트남의 하롱베이였다.

베트남을 거쳐 캄보디아의 씨엠립 공항에 도착했을 때 우리 일행을 반긴 것은 후끈 달아오른 열기였다. 30도가 훨씬 넘는다고 하더니 실감이 난다.

마치 시골 정거장에 내린 것처럼 공항이 한산하다. 마중 나온 가이드의 인도로 버스에 올라 주변을 두리번거려 보니 이 나라 제2의 도시라는 것이 믿기지 않았다.

이튿날 호텔을 떠나 불과 20분 만에 도착한 앙코르 와트 유적지. 저주의 땅이라고 불려져 400년 동안 밀림 속에 파묻혀 있던 곳을 발견하여 세상 사람들에게 모습을 드러낸 크메르 문명.

좀처럼 입을 다물 수 없는 놀라운 광경을 세계 7대 불가사의에 든다는 순위에 고개를 끄덕일 뿐이다.

마치 거대한 바위를 진흙처럼 주물러 쌓아 올린 균형 잡힌 측면에는 자비로운 부처님 얼굴을 닮은 자신을 새겼다는 천 년 전의 왕은 영원불멸을 믿었던 것일까.

지금은 전설의 왕국이 되었지만 그 당시에는 인구 100만 명이 살았다는 역사가 남아 있는 궁터와 광장. 주춧돌. 사원의 규모로 봐서는 가히 짐작이 간다. 무엇보다 놀라운 것은 벽면에 새겨진 조각들이다.

그곳엔 많은 이야기와 서민들의 힘든 애환이 숨어 있다. 인간의 세계와 천상의 세계를 넘나들어 살아 숨 쉬는 것 같은 정교함은 마치 붓으로 그림을 그린 것 같은 착각을 일으킬 만하다. 군데군데 구멍이 뚫린 곳은 루비를 박아 강렬한 색채와 신성한 분위기를 만들었다는데 도굴꾼들이 다 빼간 흔적만 보다니 아쉽다.

동양 최대의 톤레샵 호수로 가는 길은 비포장이다. 덜컹거리며 흙먼지를 날리는 거리에는 위대한 유적지를 남긴 앙코르 후예들의 삶이 대가를 치르고 있다. 야자수 잎으로 엮어 만든 두어 평 되는 집에는 이리저리 누워 낮잠 자는 모습들이 훤하게 보인다.

어업이 생업이라 뗏목이나 목선 위에 집을 짓고 사는 수상 촌에는 보트 피플이 10만 명이 넘는다고 하니 그저 물 위에 떠 있을 뿐 그곳은 분명 작은 도시다. 학교, 병원, 교회, 경찰서, 철물점 등 이동하는 생필품 가게도 있다. 놀라운 것은 물 위에 떠 있는 학교에 우리나라 태극기가 펄럭인다.

원두막 같은 집들에 비하면 이들은 형편이 좀 나은 듯싶다. 수상 가옥에 살던 사람들은 오히려 육지에 가면 멀미가 난다는 가이드 말도 낯선 여행지에서나 들을 수 있는 말이다.

아이들이 날렵하게 몰려들어 바나나를 사라고 애원하는 눈빛과 조그만 쪽배에 갓난아이를 안고 여러 가지 과일을 파는 여인네를 환하게 웃게 하고픈 마음에 일행들은 주머니를 털었다.

하노이에 있는 호텔에 도착했을 때 사촌 시동생 내외가 꽃다발을 들고 로비에서 기다리고 있었다. 타국에서 만난 동기간이라 그동안 못 나눈 정을 일행들까지 챙긴 선물꾸러미로 대신했다.

삼 일째 아침, 바깥 풍경이 궁금해 창문을 여는 순간 나도 모르게 탄성이 절로 나왔다. 개미떼같이 바쁘게 움직이는 자전거와 오토바이 물결이 끝없이 이어지는 색다른 풍경에 시간이 멈춰진 듯한 이웃 나라에 비하면 활기가 넘친다.

하롱베이로 가는 길 양옆에는 동양의 파리라고 불릴 만큼 황갈색 톤의 건축물이 이국적이다. 창문의 크기로 세금이 달라졌다지만 직사각형으로 된 집안과 그네들의 풍습이 궁금하다.

바다 위에 떠 있는 3,000여 개의 섬들로 펼쳐지는 하롱베이의 신비로움은 어떤 언어로 표현하기엔 부족하다. 수십 척의 배들이 섬과 섬 사이로 다니고 배 위에서의 여유로움을 누리니 신선놀음이 따로 없다.

각 나라의 관광객에게 궁금증을 품고 오게 하는 이곳은 분명 이 나라에만 특별히 내린 신의 선물이다.

수십 장이나 되는 사진을 보고 또 봐도 지루한 줄 모른다. 내 손안에서 영사기가 되어 그 당시 나눴던 대화와 웃음소리마저 들리니 만성중독에 걸린 것이 틀림없다.

하지만 어떠랴. 몸을 망치는 중독이 아니라 낯선 곳의 설레임과 신비로움과 역사와 흔적을 찾아 헤매는 중독은 병이 깊을수록 내 몸에 활력이 되니 자꾸만 빠져들 수밖에.

지구본을 돌려 본다. 다음 여행지는 어디일까?

쓰면 이루어진다

새해에도 받아 둔 수첩이 여러 권이다.

지갑 모양으로 얄팍한 것도 있고 제법 두툼한 것은 무게감만으로도 꽤 요긴할 것 같아 마음마저 흐뭇하다.

딸이 건네준 것은 크기도 크기지만 가죽으로 장식되어 있어 옆에 끼고 중역회의라도 참석해야 격이 맞을 것 같다.

비록 작심삼일(作心三日)일지언정 새해엔 새 계획을 세워야 한다. 이미 지나간 것은 과거로 매듭을 짓고 새 마음으로 다시 시작해야 된다. 물론 가지각색으로 계획을 해도 얼마 동안은 열심을 냈다가 시들해지는 것은 또 얼마랴.

어느 해는 무조건 남을 칭찬하며 진심으로 축하해 주는 일을 목표로 삼은 때도 있다. '배고픈 것은 참아도 남이 잘돼서 배 아픈 것은 못 참는다는 말이 있다.' 함께 기뻐하며 힘든 것을 이겨 낸 승리자에게 박수를 보내고 싶었다. 진심이 통했는지 아들이 가고 싶어 하는 대학에 합격했다고 축하해 달라는 전화를 한 친구도 있었다.

새 수첩을 뒤적이며 고민을 해본다. 아이들이 어렸을 땐 연례행사처럼 연말이면 한자리에 모여서 연중 계획서를 작성했던 일이 있었다. 종이를 받아 든 가족들은 뒤돌아 앉아서 한참을 생각하다가 상기된 표정으로 꼭 이루고 싶은 일을 세 가지씩 적는다.

종이 위에 적는 순간부터 소망이 이루어지기 시작한다. 우리의 의지는 신기하게도 문자를 따라간다. 온 우주를 향해 쏘아올린 자기 암시가 알 수 없는 마력으로 구체화된다.

이때 진정한 욕구가 강하면 강할수록 이루어질 확률이 높다. 괜스레 이루어지지 못할 허망한 욕심으로 시작하면 분명 낭패 본다. 꼭 하고는 싶은데 자신한테 무리일 경우에는 입 밖으로 소문을 낸다. 그러다 보면 어느 정도는 이룰 때도 있다.

'오르지 못할 나무는 쳐다보지도 마라.'라는 속담보다는 오른 만큼 이익이라는 말이 더 설득력 있고 진취적이며 성공으로 가는 지름길인지도 모른다.

뒤돌아보건대 지금까지 살아오면서 헛된 꿈으로 끝난 것은 무엇인지, 아님 생애에 꼭 하고 싶은 버킷리스트는 무엇인지 문자화시키면 잠재의식은 무한한 힘을 발휘한다.

그것은 나이와 상관없다. 과거의 시행착오와 실패는 성공을 위해서 필수 불가분의 관계다. 시도해 보지 않은 사람에 비하면 그만큼 경력이 쌓이는 셈이니까.

올해는 내 삶에 즐거움을 주는 일을 적어 보리라. 우선순위로 세 가지면 적당하다. 무시로 볼 수 있는 벽에다 주방에다 써 붙여 놓으면 더 효과적이다. 목표를 향해 가슴에서 우러나오는 열정으로 포기만 하지 않으면 또 다른 성취감을 맛 볼 것이다.

지금도 매달 따박따박 보내주는 딸의 용돈도 문자를 중시한 덕분이다. 프랑스 교환학생과 미국 언어 연수를 보내 준 대가로 딸은 각서를 쓰고 아빠를 증인으로 도장을 꾸욱 찍었다. 장롱 속 깊숙이 보관했다가 상견례 자리에서 만난 사위 앞에 내놓았을 때 딸은 금액이 많다며 결혼을 안 한다고 엄살을 떨었다. 오히려 남편은 깎아주면 안 된다 했지만 적정선에서 합의를 했다.

또한 객지 생활할 때 매달 건네주는 방세가 봉급에 비해 크게 느껴진지라 스물두 살에 가슴에 목표를 심었다. 그 목표는 지금 이십년이 넘게 대학교 주변에서 임대사업을 한다.

남들은 힘들고 어렵게 생각하지만 이십 대의 목표를 이룬 나로선 만족 그 자체다.

자, 힘을 내자.

분명 새해는 희망의 선물이다. 올해는 내 생애의 최고의 해라고 수첩마다 적어보자. 바로 지금!

숨어 있는 보물

현관 앞에 옹기그릇이 놓여 있다. 그 안에는 길쭉한 호박과 잘 익은 단호박이 들어 있다. 몇 번인가 장소를 옮겨 다니다가 이곳에 터를 잡았다.

남편은 집에서 노인네 냄새난다고 얼굴을 찡그린다. 옹기그릇뿐만 아니라 옥상에는 대나무와 왕골로 짠 채반과 소쿠리가 또 있다.

몇 달 전 시어머니가 이승을 떠나신 집을 정리했다. 좀처럼 손을 댈 수가 없음은 이유가 있어서다. 어머니의 죽음을 아버지는 아직 모르신다.

오십 년 넘게 해로하셨는데 알려드려야 함에도 효심이 지긋한 아들들은 극구 반대였다. 너무나도 단호했기에 며느리들은 잠잠할 수 밖에.

아버님은 파킨슨, 어머님은 알츠하이머라는 일종의 치매증상으로 근 일 년 동안 큰아들이 간병하다가 노인 병원으로 거처를 옮겼다.

각자 성별이 다른 병실에서 하루에 한 번씩 견우와 직녀가 만나는 것처럼 만나셨다. 딱히 표현은 하지 않으셨지만 자식들한테 버림받았다는 생각을 하신다는 것을 눈빛만으로도 전해졌다.

아버님은 그런대로 적응하셨지만, 어머닌 서너 달이 지나고부터 말문을 닫으셨다. 그리곤 "그래, 우릴 이곳에 버려두고 너희들끼리 사니 좋으냐?"라는 말을 수없이 외치는 양 입만 오물거리셨다. 원망스러운 눈초리에 뒤통수가 따가워 발걸음은 도망이라도 치듯 빨라졌다.

어머니는 아카시아꽃이 흐드러지게 피고 모내기가 한창일 무렵 모든 것을 남겨두고 떠나셨다. 며느리와 손녀딸을 물끄러미 바라보시다가 작은아들 이름을 부르시는 것에는 많은 말들이 숨어 있다.

아버님은 어머니가 중환자실에 계시는 줄 알고 면회를 가자고 보채지만, 거짓말은 또 거짓말로 이어지고 이제는 어찌할 방법이 없다. 더 큰 충격으로 팔순이 넘은 아버님이 감당할 몫이 너무 크기에 의사도 말렸다.

대쪽 같았던 아버님 성품 때문에 가슴앓이로 살아온 작은 아들은 그 손마저 선뜻 잡질 못한다. 그래도 며느리들은 아버님을 애기처럼 어르고 쓰다듬고 연민으로 대한다. 이는 세월이 모든 것을 수용할 만큼 마음을 풍선처럼 키운 덕이다.

행여나 하는 바람은 어머님의 깜짝 선물이라도 나올까 봐 옷 주머니에 손을 넣어봤지만 괜스레 섭섭한 마음에 탓을 해 본다. 시집올 때 해드렸던 한복 한 벌에 손이 멎는다. 몇 번이나 입으셨을까.

"싸우지 말고 살아라. 올해 헤어질 운이다."

이왕이면 내 자식한테라도 물려 줄 듣기 좋은 말을 하셨더라면 좋으련만. 그 한마디가 두고두고 섭섭했던 것도 오늘은 접으리라. 들었다 놨다를 반복해 봐도 따로 챙겨 놓을 만한 것이 없다. 그 좋아하시던 화투장만 이곳저곳에서 나오니 마지막 가시는 길에 한몫 넣어 드렸더라면 심심치 않으셨을 텐데.

하긴 우리 세대보다 한 세대 앞선 그 세대는 먹고사는 것도 힘겨웠다. 다행히 할아버지의 억척으로 땅마지기라도 꽤 있었기에 마을 유지라는 소문을 믿고 시집온 내가 아닌가.

장롱 속을 마무리 뒤져도 찬장 속에 몸이 반은 더 들어가도 보물은 나오질 않는다. 뒷마당 장독에 물을 부으라는 형님 말에 드디어… 반들반들한 옹기 한 점이 눈에 들어왔다.

꼬부랑 할머니가 산 것이 분명하다. 아마도 쌀 댓 말은 족히 주었을 인물이 반반하다. 할머니나 어머닌 이 옹기그릇에 무엇을 담아 놓고 흐뭇해하셨을까. 형님보다 먼저 찜했다.

옹기라고 부르는 이름만 수십 가지 일진데 장독, 떡시루, 옹기솥, 항아리, 고급진 찬그릇 등 투박하지만 자연을 닮은 그릇이라 아무데나 어울리는 향수마저 느껴진다.

진품명품이 나오는 TV 프로를 볼 때마다 건넛방 다락에 전주 이씨 양반집에 걸맞는 한 점이 꼭 있어야 한다고 말하곤 했다. 보이는 거라곤 달덩이만한 광주리와 채반이 우르르 쏟아진다.

"그래, 내가 원하던 것은 바로 이거야!"

할머니는 어머니에게 어머닌 두 며느리에게 넉넉하게 나눠 가지라고 다락방에 꼭꼭 숨겨 놓으셨다. 끝내 기대를 저버리지 않고 보물을 찾게 하셨던 어머니. 이 가을볕에 고추도 쪄 말리고 고구마줄기도 말리고 요긴하게 쓸 곳이 한두 가지가 아닌 이 보물.

'어머니 고마워요.

아버님 걱정 마시고 편히 쉬세요.'

상류층 입성

거실 구석에 에어컨이 있다.

어찌나 날렵하게 생겼는지 오랫동안 눈길을 떼지 못한다. 형광등 불빛에 와인색을 한 에어컨이 요염하게 보임은 분명 착시다.

너무 사랑스러워 안아보기까지 한 에어컨을 들여오던 날 집안의 온도는 36도였다.

밤새 식을 줄 모르는 더위에 잠을 설치던 남편이 퇴근 전까지 에어컨을 설치해 놓으라는 특명을 남기고 피서지로 떠나는 사람처럼 으스대며 출근했다.

물고기 모양으로 된 온도계는 아침부터 30도가 훨씬 넘는다. 폭

염이 이 주일째 이어지면서 하루에도 몇 번씩 온도계를 손에 쥐고 확인하는 버릇이 생겼다. 해 질 무렵이면 하루 종일 달군 옥상 열기가 벽으로 스며들어 온도계의 눈금은 빠르게 움직인다. 마치 보일러를 땐 것처럼 가만히 있어도 숯가마 찜질방으로 변하여 땀을 주체할 수가 없다.

벌써 며칠째, 옥상 바닥에 물을 뿌려 열기를 식힌 다음 비닐 장판을 깔고 밤하늘을 천장 삼아 난민 생활을 한다. 옥수수를 한 소쿠리 삶은 것과 부채를 들고 옥상에 나서면 서늘한 바람이 찜통더위를 잘 이긴 보너스 같다. 목침을 베고 남편과 나란히 누워 보석 꽃 같은 별들을 헤아려 본다.

백조자리와 거문고자리 그리고 독수리자리가 여름 별자리의 삼각형을 이룬다.

하지만 도심의 불빛으로 인해 잘 보이질 않는다. 어디론가 향해 가는 비행기를 따라 눈길을 주다 보면 이내 구름 속으로 사라져 아쉬움만 남는다.

주변의 아파트에서 흘러나오는 불빛을 쳐다보며 에어컨이나 선풍기 바람에 싫증이 났을 그들에게 자연 바람과 남는 자리를 내주고 싶다. 그토록 극성스럽게 노래하던 매미도 지쳤는지 조용하다.

조간 신문기사에 승무원을 태우지 않은 채 이륙했다가 30분 만에 다시 회항하는 소동도 더위 탓이라고 하니 모두 제정신이 아니다.

허면, 이 더위를 이기는 방법은 뭘까?

문득 고등학교 2학년 여름방학이 생각난다. 남다른 피서는커녕 타원형 부채 하나로 더위와 싸워야 했던 무료한 날들. 가장 더운 2시부터 4시. 먼저 주변을 깔끔하게 정리하고 그중 제일 시원한 장소를 골라 조그만 상 앞에 앉는다.

그리고 준비한 한문 노트에 한 글자를 스무 번씩 또박또박 써 내려간다. 한 시간쯤 지나면 이마에서 시작한 땀방울이 목덜미를 타고 내려와 노트에 툭 떨어진다. 한 손으로 훔치면서 한 장 한 장 넘길 때 손끝에 찬바람이 이는 즐거움을 만끽했다.

꾹꾹 눌러 쓸 때의 집중력과 한 글자씩 내 것으로 만드는 흡족함으로 판에 박은 것처럼 어찌나 잘 썼던지 두고두고 책꽂이에 꽂아 두었다.

모든 것은 한때다. 이 또한 지나갈 줄을 알기에 나만의 피서 방법으로 즐긴다. 반드시 대나무 목침과 돗자리가 있어야 한다. 서너 권의 책을 머리맡에 두고 팔자로 누워 이리 뒹굴 저리 뒹굴 책을 읽다 보면 스스로 잠이 몰려온다.

그러면 꿈나라에 여행을 잠깐하고 또 책을 읽는다. 이때는 선풍기 바람도 멀리한다.

더위와 맞서서 짜증을 내거나 스스로 지쳐서 아무것도 할 수 없다면 이미 더위에 진 게임이다. 여름은 더워야지만 된다는 대자연의 진리에 순응하는 마음으로 여름을 보낼 때 '참으로 여름은 위대했습니다.'라는 찬사로 가을을 맞이할 수 있다.

아들 말대로 에어컨을 들여오던 날로 상류층에 입성했으니 난민 생활도 끝이 나고 별자리를 찾아보는 즐거움도 옛말이려나.

내 집만큼은 절전을 미덕으로 삼았건만 상류층은 고지서 보기를 양반이 아무리 추워도 곁불을 쬐지 않는 거나 별반 다름없어야 하지 않을까.

속으론 좋으니 어쩌랴.

보송보송한 피부가 상류층 입성을 금세 알아본다.

더위야 더 오래오래 머물러다오.

(2003. 8)

4부

나만의 소확행

· 버스 안 풍경

· 믿음의 유산

· 동림청선(東林廳蟬), 여름 피서

· 녹슨 호미

· 나만의 소확행(小確幸)

· 고슴도치 딜레마

· 경청의 달인

· 2020, 달력 앞에서

버스 안 풍경

제일 먼저 버스에 올라 자리를 잡은 곳이 두 번째 줄이다.

무심코 버스에 오르는 사람들을 바라보다가 어린 여자아이들을 하나둘 세기 시작했다. 먼저 셋을 앞에 세우고 그 뒤로 엄마와 갓난아이를 안은 여자애는 한 열두어 살. 그럼 다 한 가족인가.

제발 주변에 앉지 않았으면 하는 찰나 바로 내 뒷좌석에 자리 잡는다.

요양원에 계신 친정어머니를 보고 가는 날은 매번 울적한 마음이 쉬 가라앉질 않는다. 금방 뒤돌아가는 딸자식에게 아무것도 들려 보내지 못하는 어머니는 또 얼마나 속상할까.

심란한 마음에 눈을 감고 잔뜩 웅크리고 있는데 자꾸만 뒷좌석에 신경이 거슬린다.

버스가 출발하기 전부터 둘째 아이가 칭얼거리기 시작했다. 금방 아기 엄마가 달래려니 했는데 아이는 더 큰 소리로 운다. 뒤돌아보니 건너편에 있는 큰딸이 다섯째에게 우유를 먹이면서 사람들 눈치를 본다. 그럼 다섯 명이 다 딸인가. 아들을 기대했다가 30대 중반인 이 여자는 내리 다섯 명 애들만 낳았나.

겁도 없이 우중에 다섯 명을 이끌고 친정 나들이인가. 어찌 이 어려운 행차를 했을까. 배가 고파 우는지 어디가 아파 우는지 아이 울음소리로는 도대체 알 수 없다. 고만한 손주를 봤어야 할 나이가 훨씬 지났으니 알 수 없음이 당연하다.

어르고 달래도 그치지 않으니 애 엄마는 더 이상 참지 못하고 아이를 퍽퍽 때린다. 앞 좌석에 앉은 내 몸이 따가울 정도로 엄마는 힘을 준다. 아이가 더 큰 소리로 운다. 저 집도 분명 집안에 우환이 있지 않고서야 저리 세게 때릴 수가 없다.

삼십여 명이 넘는 사람 중에 아무도 입을 열지 않는다. 괜히 한마디 했다가 봉변당할지도 모를 정도로 화가 나 있다. 엄마가 무서워 울음을 멈출 줄 알았는데 틀어막은 손가락 사이로 아이의 괴성이 버스를 흔든다.

갑자기 기도가 절로 나온다.

'아이야~ 울음을 멈추고 제발 삼십 분만 참아다오. 부디 아이 엄마 마음에 평안을 허락하소서.'

순간 아이 엄마가 위대해 보임은 어찜일까. 어쩌다 다섯 명을 낳았는지 알 수 없지만 이 부부는 아이들을 굉장히 좋아함에는 틀림없다. 그렇지 않고는 각자 외아들 외딸로 자라나 형제들 많은 것에 한이 맺혀서 낳고, 또 낳고 식구 느는 것을 개의치 않았을 것이다. 오히려 아이 하나 키우는 것보다 여럿 키우는 것이 덜 힘들다고 다둥이 가족들의 말에 공감했을 것이 분명하다.

옛말에도 '저 먹을 것은 다 갖고 태어난다.'고 했으니 말 많은 사람들은 거들떠보지 않고 아이들 재롱에 세월을 잊은 것이다. 불임부부를 안타까워하며 이 가정에는 매일 매일 전쟁이 따로 없다. 울고불고 떼쓰고, 여자애들은 옷가지에 인형 놀이에 시샘이 얼마나 많은가.

어느새 어머니 걱정보다 다음 세대에 돌봐야 할 저 아이들 걱정에 또다시 머리가 복잡해진다. 아이들 아빠는 양육비 걱정 없는 직장에 다니는지. 방은 여러 개가 있는지. 양쪽 집에서 후원금이라도 지속적으로 줬으면 하는 생각은 주제넘은 오지랖일까.

저출산 대책이 이제는 범국민이 함께 고민하지 않으면 먼 훗날 국가의 존립까지 문제가 된다. 그러니 저출산의 주원인인 양육비와 교육비 부담으로 저마다 출산을 포기해 인구증가에 비상이 걸렸다.

몇십 년 전만 해도 인구통계학자는 기하급수적으로 늘어나는 인구증가로 더 이상은 지구가 포화상태니 혹성으로 탈출이라도 감행해야 된다고 논문을 발표했을 것이다. 하지만 학문은 결코 진리가 되지 못하고 역사를 이끌어 가는 또 다른 문제를 해결하며 살아야 한다.

아이가 또 칭얼거린다. 때리던 엄마 마음에 평안이 임했는지 아이스크림을 사준다고 어른다. 이에 덩달아 셋째는 인형을 사 달라고 조르고 둘째는 아무것도 요구하지 않고 잠만 잔다. 너무도 익숙하게 우유를 먹이는 첫째는 어린 나이에 대리 엄마가 됐다.

중간 정류장에서 내려야 됨을 다행스럽게 여기며 자리에서 일어났지만, 아이를 퍽퍽 때린 엄마 얼굴을 일부러 피했다.

이 나라 인구증가에 저토록 희생하는 한 여인을 무엇으로 힘을 실어 줄까. 각종 세금 영수증에 의무적으로 나오는 교육세를 기쁜 마음으로 낸다면 다소나마 위안이 될는지.

첫째 딸이 다섯째를 번쩍 들어 무릎에 세우고 등을 또닥거린다. 그 아이가 나를 보고 히죽 웃는다. 그런데, 그런데 그 아이는 분명 사내놈이다.

'아! 됐다. 됐어!'

우산을 빙빙 돌리면서 발걸음이 가볍다.

믿음의 유산

애써 보지 않으려고 밀쳐 내던 사진들이 발밑에 툭 떨어졌다.

몇 개월 동안 보고 싶지도 생각하고 싶지 않았다. 내 자신이 속절없이 무너져 내릴 것 같아서다.

그런데 오늘만큼은 쉽사리 놓지 못함은 어머니가 보고 싶어서다. 그리워서 한참을 들고 있다. 사진 속 사진은 성경을 읽고 있는 모습이다. 요양원에 계시면서 새벽 3시면 자식을 위해 기도하시고 틈나는 대로 성경을 읽으시면서 자식들을 기다리셨다.

기다림에 지쳐서인지 하늘나라에 가신다고 티켓을 사달라고 조르신 날이 많아질 무렵, 연락받고 병원에 달려간 지 하루 만에 떠나셨다.

얼마나 하나님을 의지했으면 중풍으로 30년이란 긴 세월을 버티셨을까. 이 땅에서의 이별은 더없이 슬프지만 다시 만날 수 있다는 소망이 위로가 된다.

85세. 이 연세는 현재 우리나라 평균 여자들의 수명이라고 하지만 어머니에게는 분명 기적 같은 나이다. 55세에 아버지 병간호하시다가 과로로 쓰러져 중풍이 됐다.

아버지는 항암치료 하면 완치될 것이라는 희망을 가졌지만, 돌아가시던 날 내 손을 힘없이 잡으시면서 청심환 꼭 먹이고 따뜻한 곳에 누이라고 당부하시곤 황망히 떠나셨다.

오른쪽 수족을 못 쓰시는 어머니는 현대 의학으론 안 해 본 것이 없을 정도로 애써 봤지만 어머니보다 자식들이 먼저 지쳤다. 할 수 있는 거라곤 히스기아왕이 했던 기도처럼 새벽마다 통곡으로 15년만 수한을 연장해 달라는 기도뿐이었다.

하나님께서 어머니의 칠순 잔치로 응답하시던 날 두 팔을 높이 들고 덩실덩실 춤을 추었다. 80세 생신이던 날엔 자식들 이름을 새겨 넣어 살아 계심만으로도 감사하다는 감사패를 가슴에 안겨 드렸다.

어머니는 몸이 불편함에도 불구하고 조금도 주눅 들지 않았던 것은 그만큼 하나님을 의지하는 믿음이 컸기에 매사에 자신감이 넘쳤고 신앙심은 담대했다.

왼손잡이인데도 바느질뿐만 아니라 송편을 얼마나 예쁘게 빚으셨는지 떡집을 차리자고 너스레를 떨지만 실은 양손으로 만드는 내 손이 부끄러웠다.

직장 다니는 딸이 안쓰러워 잠시라도 편하게 계시지 않았다.

혼자 계실 때 고추 20근을 입으로 꼭지를 따서 다듬어 놓으셨던 날은 자식을 향한 엄마의 마음은 그 깊이와 넓이가 도대체가 어디쯤인가 뜨거운 눈물을 쏟았다.

된장 고추장도 직접 담아 주면서 비법을 적어 놓으면 언젠가 요긴할 때가 있다고 하시더니, 어머니의 부재에 물어보고 싶을 때가 어디 한두 번인가.

10여 년 전 한 해에 다섯 번이나 수술하는 어려움을 겪을 때, 어머닌 불편한 몸으로 새벽마다 '차라리 날 데려가 달라고 몸부림치며 기도하셨다.'는 얘기를 전해 듣던 날 정신이 퍼뜩 들었다.

어머니를 생각해서라도 반드시 일어나야겠다고 억지로 먹으려 애쓰고 죽을 만큼 힘을 내니 잠자고 있던 세포들도 놀래 움직이기 시작했다. 새벽마다 흘린 눈물이 어머니를 살렸고 어머닌 딸을 살려냈다.

어머닌 늘 감사하다는 말을 하루에도 수십 번씩 호흡처럼 하셨다. 새벽에 기도하시는 어머니 옆에서 가만히 귀 기울이며 손을 꼽아 보니 50명에서 멈출까 했더니, 70명을 넘어서 100명이 넘도록 이웃들을 위해 중보기도 하시는 어머니의 모습은, 거룩한 빛으로 온몸이 둘러싸여 감히 범접할 수 없고, 기도 소리는 천상에서 들리는 듯했다.

8년 동안 요양병원에 계실 때도 딸이 온다는 날엔 얼굴을 곱게 단장하고 맞이하면서 여기가 참 좋다는 괜한 말로 더 안쓰럽고 죄스럽게 하시던 어머니다.

성경 말씀을 읽고 계신 모습을 사진으로 보내 주던 요양사 두 명도 하나님을 믿게 됐다고 자랑하셨다. 그중 한 명이 어머니 발을 정성스럽게 닦아 드리는 모습이 멀리 있는 딸보다 가까이에 또 다른 딸의 보살핌에 마음이 놓였다.

한나처럼 중얼중얼 잠시도 쉬지 않고 기도하시던 자식들은 믿음의 반석 위에 세워진 가정들이 됐고 "믿고 구한 것은 반드시 얻은 줄 알라."라는 약속의 말씀을 유산으로 남겨 주셨다.

평생을 기도하셨던 바톤을 물려받았으니 희생하셨던 보답으로라도 무릎 꿇는 시간을 후손들에게 물려주리라.

천국 가시던 날, 영정 사진을 보고 슬픔보다는 중풍으로 30년을 이기신 어머니의 삶은 '참으로 위대했습니다. 진정 승리자입니다.'라는 말이 절로 떠오르도록 생전에 가장 행복했던 순간을 준비했기에 영원한 이별을 할 수 있었다.

환하게 웃고 계신 사진을 오래도록 바라보다 가슴에 안아본다.

"나 때문에 얼마나 힘들고 버거웠냐?"

눈물이 난다.

엄~마….

동림청선(東林聽蟬), 여름 피서

정확히 말하면 일곱 시 사십 분에 시작된다.

결코 이른 시간은 아니다. 부지런한 사람은 바쁜 일을 대충 끝내고 차 한 잔의 여유를 가질 시간이다.

봄 매미는 사월에 출연해서 유월 중순까지 공연을 끝내고 무대 뒤에서 쉬고 있는 중이다.

엊저녁 늦은 시간까지 목이 터져라 노래하던 저녁매미는 아침에도 해야 된다. 왜냐하면 유지매미는 기다렸다가 열한 시에 출연해야 되니 지금쯤 꽃단장이 한창이다.

저녁매미가 힘들면 살짝 감나무에 있는 말매미를 부르면 된다.

저녁매미와 말매미가 이중창만 해도 도시의 소음을 다 잠재울 수 있다.

작렬한 태양으로 사람들은 그늘 속으로 숨어 버리고 여름은 정점에 이른다.

'더위 먹은 소 달만 봐도 헐떡인다.'라는 말이 있듯이 무서운 더위를 몸으로 막아 내던지 아님 다산 정약용 선생의 소서팔사 즉 '더위를 식히는 여덟 가지 방법 중 어느 것을 택할까.' 고민을 한다.

소나무 밑에서 집중하여 화살을 쏴 명중시킬 때의 짜릿함으로 더위를 식히는 방법과 비 오는 날 시를 짓는다거나 동림청선이라는 숲속에서 매미 소리를 듣는 것 중 내 격에 맞는 것은 매미 소리다.

그리하여 매미 소리에 관심을 갖게 됐다. 밤잠을 설치거나 도시의 소음이라고 야단들이지만 매미의 일생을 안다면 그리 못한다.

수컷이 목청껏 노래하는 시간은 암컷을 불러 결혼하자는 신호다. 아주 짧은 교미가 끝나면 암컷은 나무에 산란관을 꽂고 알을 낳는다. 알은 나무에서 겨울을 나고 이듬해에 애벌레로 부화하여 땅속으로 내려가 수액을 먹고 살다가 7년째 되는 여름 드디어 완전한 매미로 등장한다.

오직 한여름. 불평과 원망도 할 수 없는 사명감으로 여러 파트로 오케스트라를 구성하여 지휘자도 없이 전국 어느 곳을 막론하고 나도 할 일이 있다며 목이 터져라 노래한다. 헌데 인간들은 덥다고 난리다. 더워 죽겠다고 아우성이다.

이 더위에 매미 노랫소리가 우는 소리로 들리는 사건이 생겼다. 사촌 시누 남편이 열사병으로 세상을 달리했다. 폭염 특보가 계속 방송되던 가장 더운 날에, 쉬다 해도 될 일을 혼자서 씨름하다 쓰러진 모습을 보고 길 가던 사람이 신고했다니 이 얼마나 어처구니가 없단 말인가.

시누는 점심을 해 놓고 아무리 기다려도 오지 않는 남편의 죽음에 혼절을 하고 말았다. 그날부터 매미 소리가 잘 들리지 않으니 어찜이요. 더위가 더위로 느껴지지 않고 한기로 다가오니 인간의 무력함과 무지함을 매미한테 배워야 하는지.

이 뜨거운 한낮에 욕심내지 말고 잠시라도 그늘에서 땀을 식히며 매미노래 소리에 장단을 맞췄더라면 장성한 아들딸 짝도 만나고 아버지보다 먼저 가는 불효는 아니 할 것을. 유난히 금슬이 좋았던 젊은 시누는 하늘이 무너졌으니 어찌 살꼬.

어찌 살아야 하나.

애매미, 좀깽깽이매미, 털매미 그리고 내가 명명한 아싸매미는 열일곱 번째 매미 군단 중 하나다.

지금쯤은 어느 매미가 출연할 시간인가?

녹슨 호미

남편의 핸드폰 카톡에.

'다른 사람들은 엄마가 다 있는데 난 엄마 얼굴도 모른다.' 무슨 마음으로 이런 글귀를 여러 사람이 보는 공간에 썼을까 가슴이 싸하다.

혹시 우울증인가.

자식들도 전화로 물어보니 낸들 알 수 없다.

칠십을 바라보는 나이인데도 마음 한편이 허전한 심정은 아무도 모른다. 이모님들 살아 계실 때는 어렴풋하게나마 얼굴을 그려 보려 가끔 찾아가곤 했다. 분명 가을 병이 도진 거다. 이럴 땐 남편을 키워준 꼬부랑 할머니 얘기를 자꾸만 하면 된다.

4학년까지 젖가슴을 내주던 시할머니를 한동안 모시고 살았다. 물론 직장생활에 할머니의 도움이 필요했지만 사람 구실도 못 할 뻔한 손자가 아들을 낳았으니 당연지사 자청하고 오신 것이다.

초저녁에 한숨 주무시곤 방문이 부서져라 열고 들어오셔서 남편 머리맡에 앉아 있는 모습 때문에 놀라는 일이 한두 번이 아니었다. 절대적인 할머니 과보호로 자랐지만 날 낳아준 엄마의 빈자리는 그 무엇으로도 채울 수 없다.

그리움은 나이를 먹어도 줄어들지 않고 더해지니 어쩌랴.

들에 나가 황새냉이 뿌리라도 캐다가 새콤달콤 무쳐서 대령하면 사무치는 그리움이라는 꽃말이 가슴 깊은 곳까지 휘돌아 점점 줄어들 수 있을까.

나도 엄마가 보고 싶고 위로받고 싶을 때가 있지만 눈치만 보다가 친정어머니마저 떠나셨으니 이제야 편하게 말할 수 있다.

남들은 생뚱맞게 벽에 왜 호미를 걸어 놨느냐고 말하지만 오로지 남편을 위한 내 마음의 표시다. 그 옆엔 샛노란 산수유와 절구가 있는 그림과 함께 할머니가 있다.

"고추밭에 가면 할머니를 만날 수 있다.

몇 년째 할머니는 거기에 계신다. 아래 윗동네가 훤히 내려다보이고 아주 양지바르다.

오랫동안 묵었던 밭을 갈고 고랑을 만들어 고추를 심었다. 고구마도 땅콩도 참깨도 그리고 밭 둘레에는 옥수수도 한나절이나 심었다.

'할머니, 까치 좀 못 오게 해 주세요.'

훠~이 훠~이 꼭 그렇게 해 주시란 믿음은 할머니에 대한 그리움 때문이다.

어느새 내 키보다 훨씬 더 자란 큰아이가 태어났을 때 기쁨의 눈물로 내게 보답하신 할머니. 그 할머니의 온기를 느낄 수 있는 유일한 물건이 있다.

다름 아닌 녹슨 호미. 양옆 날이 닳을 대로 닳아 손바닥 반만이나 할까.

어느 날부터인가 그 호미를 손에 쥐기만 하면 힘이 솟는다. 신명이 난다. 그리고 세상의 온갖 욕심도 걱정도 자잘한 근심도 모두 땅에 묻는 것을 터득했다.

호미가 주는 만족감.

나는 오늘도 할머니가 남겨 주신 호미를 들고 고추밭으로 나선다."

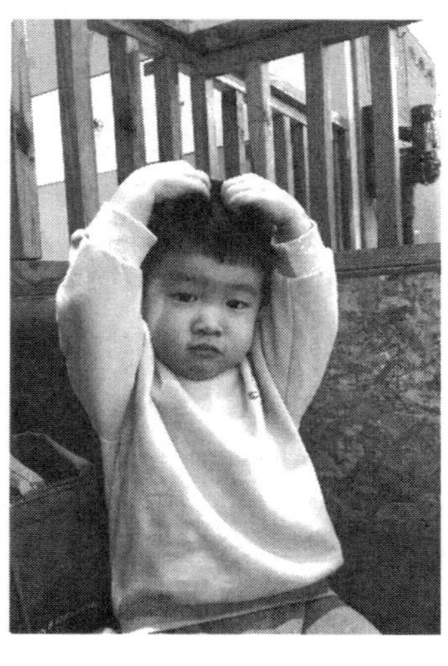

이 액자는 아들에게 대물림하고픈 목록이다.

아들 역시 마다하지는 않을 것이다. 증조할머니의 무조건적인 사랑을 기억할 테니까. 그 앞엔 두 팔 벌려 머리에 하트하고, 씽끗 웃는 어여쁜 고 손자 사진이 있다.

나만의 소확행(小確幸)

인생을 잘못 살았으니 찾는 친구가 없다는 빈정거림을 남기며 남편은 어깨에 힘을 주고 나갔다.

미안해할 것도 자랑할 일도 아닌 일상을 여편네 속을 확 긁어 놓고 나가면 좋을까.

집순이처럼 혼자서도 잘 노는 내가 답답해서다. 정할 일이 없는 날이면 TV를 보면서 마늘을 깐다. 이것도 나만의 소확행의 일종이다. 작지만 확실한 행복의 준말을 누가 만들었는지 모르지만 확실하다.

자식들은 제짝들과 단란한 가정을 이루고 있는 마당에 지금 현재의 시간을 오롯이 나만 위해 쓰고 싶다.

진정 남은 삶을 위해 기도하고 싶다.

행복이 뭐 대단한 건가. 일상적으로 자주 느낄 수 있는 소소하고 잔잔한 감정들이 모여 행복이란 단어를 만든다.

때로는 피부를 간질이는 바람에게 적당한 햇볕의 따스함에게도 고맙다고 인사를 하고, 매일매일 달라지는 나뭇잎 색깔에도 아이들의 웃음소리도 정겹게 들리는 날의 편안함이면 족하다.

다시 젊음으로 되돌아가고 싶지 않다. 하고 싶은 것만 하고 헐렁하게 살면서 마음이 평화로웠으면 좋겠다.

옥상 원두막이 나만의 힐링 공간이다. 전 주인도 이곳이 아까워 이사하지 않겠다고 버텼지만 결국은 여자한테 지고, 사랑땜도 다 못하고 떠났을 남정네의 속도 모르고 호사를 누린다.

집을 살 때 어느 한 곳에 꽂히면 사게 된다는 말이 맞다. 옥상에 올라와 보니 니스 칠이 잘된 네모반듯한 원두막이 눈에 확 들어오고, 굵은 대파가 심어진 넓은 밭도 있으니 그 밤에 계약금이라도 건네지 않으면 누군가에게 뺏길 것 같아 나 역시 남편을 이겼다.

매미 소리가 한창 떠들썩할 때 원두막에 돗자리를 폈다. 격에 맞는 목침도 부채도 채비하고 시집을 몇 권 들고 누웠으니 이 또한 나만의 소확행이 아닌가.

내 안의 진짜 감정에 귀 기울이고 '희노애구애오욕' 즉 기쁨, 노여움, 슬픔, 두려움, 사랑, 미움, 욕망이 차례대로 밀려와도 군중 속에 고독이 있고, 곁에 누가 있어도 슬며시 찾아오는 외로움도 이곳에 오면 하늘로 날아가는 비밀스런 장소다.

몇 편의 시낭송에 잠깐 머리도 식힐 겸 옥상에 설치된 수돗물로 여덟 개의 장 단지를 목욕시켜 준다.

금세 반들반들하게 윤이 나고 올해 뜬 된장이 맛들었다는 신호를 보낸다. 검지로 콕 찍어 먹어 보니 장인 맛이다. 육십이 넘었으니 나도 장인이다.

여름 내내 시 몇 권을 통독했더니 슬그머니 시 한편을 탈고했다. 시인이 알면 빨간 펜으로 동그라미를 치겠지만 별로 자존심이 상하지 않을 것 같다.

서정주 시인은 대표 시 「국화 옆에서」의 내 누님 같은 시어를 3년 동안 고민했기에 가을이면 누구나 한번쯤 읊조리는 명품 시가 될 수 있는데, 고작 한여름 한낮에 쓴 낙서쯤으로 또 다른 나만의 소확행이 아닌 대확행으로 남기고 싶은 마음은 7가지 감정 중 어느 것일까?

아침에 만난 여자

저 앞에 가는 여자 좀 보소
질끈 묶은 머리는 헝클어지고

갈지자로 걷는 걸음은
분명
새벽까지 마셔 댄 술 탓이려니
양어깨에 둘러멘 굽 높은 구두는
허옇게 가격표가 붙어 있다
아침 햇살에 뽀얀 맨발이 위태롭다

마주 오던 자동차는 멈-칫 멈-칫
여자는 앞으로 다가가 양팔로 끌어안는다.
어처구니없다는 운전자의 헛웃음
세상의 남 남자들은 저리도 배려심이 많은데
집 남자는 간밤에 무슨 일을 저질렀기에
반미치광이 여자로 거리를 헤맬까
어쩌나
어쩌나

고슴도치 딜레마

토요일이다. 아침부터 남편은 야구중계만 본다. 분명 어제 밤늦도록 봤을 텐데 매번 재미있는 양 혼자 신이난다.

첫째, 둘째, 셋째 토요일까지 결혼식이 줄을 이었다가 모처럼 아무 표시 없는 이 귀한 날을 어찌 보낼까. 잠시 고민하다 다이얼을 돌렸다. 바람 쐬러 나가는 것을 소원처럼 말하던 옆집 형님을 불러내려 했지만 더듬더듬 손자가 받는다.

할 수 없다. 혼자 놀아 볼까. 아님.

다행히 친구와 한마음이 됐다. 무엇을 입을까.

동시에 간식을 휘리릭 배낭에 넣고 으스대면서 최대한 빨리 탈출을 해야 된다. 당연히 행선지는 말하면 안 된다.

오랜만에 만난 친구와 남편의 근황을 묻는 즉시 첫마디가

"삼십 년은 너무 길어 이쯤 되면 바꿔야 돼."

얼마 전. 동창 모임에서도 법으로 정했으면 좋겠다는 말에 박장대소했는데 이 말을 또 듣게 되다니. 모두가 지루한가 보다.

부부란 전생의 웬수라는 말에 전적으로 공감할 수 없지만 그만큼 함께 살아가야 할 세월이 녹록지 않아서이다.

서로 환경이 다르고 문화가 다른 곳에서 성장하다가 부부의 연으로 만나 새로운 가정을 만드는 일이 어찌 쉬울까마는. 옳고 그름을 따지고 서로 자기 집안이 잘났다고 물러서지 않은 경우가 어디 한두 번인가.

그러다 자식 하나 생기면 그 자식 때문에 참고 또 참고 살다가 두 번째 자식이 생기면 이젠 더 이상 물러설 수 없어 그냥저냥 산다.

좋은 대학 가면 그 자식으로 신분 상승이라도 해볼 양하지만 그것도 아니다.

그나마 밥벌이라도 해야 근심이 떠날 뿐이다. 그다음은 내가 밟아온 결혼이 기다리고 있다. 요즈음은 결혼도 필수가 아니라 선택이라니 다음 세대는 어찌 바뀔지 내심 궁금하다.

이쯤, 큰 쉼표를 찍으며 잠시 뒤돌아보니 사느라 애썼지만 정말 별 게 아니라는 허망함은 나이 탓일까.

스무 살부터 내 인생을 다시 살아볼 기회가 주어진다면 과연 무엇을 하면서 이 나이까지 올까.

글쎄… 얼마만큼은 변할 수 있겠지만 크게 다르지 않을 뿐 안달복달하면서 산다 한들 일장춘몽라는 것이 이제는 눈에 보인다.

그러니 어쩌겠나.

친구와 챙겨 온 간식을 먹고 서둘러 많은 사람 꽁무니에 줄을 이었다. 모두가 건강을 챙기든가 아님 도시의 답답함을 자연에 풀어놓을 양 떠들썩하다.

지난가을 산행에서 있었던 남편의 쪼잔한 흉을 친구에게 마구 털어놨다.

정상까지는 무리라는 것을 알지만 처음부터 시작한 가파른 오르막을 한발 한발 오르다 보면 남편은 저만치서 자기에게 못 맞춘다고 성화다. 세 발짝만 힘을 내면 되는데 그걸 못하냐고 계속 나무란다. 한창 물오른 단풍도 눈에 들어오지 않고 즐거워야 할 산행이 불편했다.

남들은 부드러운 미소로 힘을 주건만 정작 내 편인 남편은 더 이상 같이 못 가겠다며 산을 내려갔다. 고개를 들어 정상을 보니 아직도 반은 더 남은 것 같다. 참으로 어처구니없다.

하지만 오늘만큼은 말을 듣고 싶지 않다. 죽을힘을 다해 살아 낸 아내의 마음을 헤아려주지 못하는 남편이 야속하고 얄밉다. 배려심이라고는 지금까지 해준 밥그릇이 얼만데.

'당신은 오늘 일생일대의 큰 실수를 한 거야. 늙어서 두고 보자는 마누라 무서워서 어쩌려고 흥!'

이상하다. 무겁던 발걸음에 막힘이 솟는다. 중절중절 욕을 해 보지만 나무들은 그저 들을 뿐 맞장구도 안 쳐준다. 마주치는 사람들은 조금만 힘을 내라고 하는데 이 산중에 버려두고 혼자 내려가는 심보는 뭘까.

그도 역시 바꾸고 싶었을 게다. 남자들의 본능은 무조건 새것이면 오케이라는 우스갯소리와 얼마나 재수 없으면 구십까지 같이 산다는 유머가 아니더라도 산만큼 더 살지도 모른다.

사랑의 유효기간은 삼 년이라 그럼 살아온 의리로 살아야 되나. 아님 사랑과 의리로 두리뭉실 정으로 연민으로 사는 수밖에.

고슴도치처럼 얼마나 많은 세월을 찌르고 찔리면서 살아왔는가. 신혼 초에는 찔리더라도 가까이했건만 이젠 더 이상 찌르지 말고 적당한 간격을 유지하면서 아주 좋은 친구처럼, 때론 장난처럼 사는 것이야말로 덜 지루하지 않을 것 같다.

변덕스러우면 어쩌겠나. 그래도 내 인생의 가장 어렵고 힘든 고비를 겪을 때 울어 준 대가로 넉넉하게 보상이라도 해야지.

남편 흉을 늘어지게 보고 널널하게 놀다 왔건만 아뿔싸! 그 시간까지 야구만 보는 남편…

'저녁은 해 줘야 하나요?'

오늘 하루 사람을 보는 눈이 아주 많이 순해졌다.

경청의 달인

눈을 뜨면 제일 먼저 습관처럼 하는 일이 있다.

허공을 향해 무슨 말이던지 툭 던져본다. 하지만 오늘도 아니다. 마치 로봇이 말하는 것처럼 낯설다. 이전의 내 목소리가 어땠는지 기억이 나질 않는다.

무리하게 노래를 부른 일도, 그렇다고 나라와 민족을 위해서 기도한 일은 더군다나 아니다. 단지 피곤해서 쉰 목소리가 나는 거라며 스스로 진단을 내렸다.

동네 이비인후과뿐만 아니라 알만한 이비인후과를 다 다녀 봐도 알 수 없는 내 안의 병은 점점 커져 갔다.

점차 사람들을 대하기가 거북해져 만남도 꺼려지고 외출도 줄어들 무렵 남편의 불호령에 대학병원에 갔다.

CT 결과 성대종양과 성대마비라는 두 가지 병명으로 당장 서두르지 않으면 목소리를 잃을 거라는 긴박함을 말하는 의사 말에 정말 대수롭지 않게 여겼건만 그야말로 청천벽력이었다.

호미로 막을 걸 가래로 막아야 하는 어리석음 때문에 주체할 수 없는 눈물이 쏟아져 구석진 자리를 찾아 주저앉고 말았다.

여름 휴가를 병원으로 간다는 마음으로 입원한 다음 날, 조영술로 검사하는 과정이 예사롭지 않아 겁을 먹기 시작했다. 여섯 시간씩 전신을 고정시켜 움직이지 못한 채 얼굴은 열로 벌겋게 부어올랐다.

8시간이 넘는 수술로 수술실 밖에서 기다리는 식구들은 초죽음이었고, 목소리가 어느 정도 회복이 가능한가 더듬거리며 물어봤지만 잘생긴 의사는 웃는 정도다.

마비로 혀가 잘 움직이질 않아 말은 입안에서만 빙빙 돌고 있으니 어찌된 일인가.

쉰 목소리를 일으키는 원인으로는 생각지도 않은 목소리 남용이라는 후두염, 성대 결절, 성대마비, 악성종양이란 질병 중에 왜 이런 두 가지 고통이 한꺼번에 왔나 자책하는 일이 내가 할 수 있는 전부였다.

내 운명에 무려 다섯 번의 수술이 스케줄에 있다면 겸허히 받아들이자. 그렇지 않으면 어디로 도망친단 말인가.

얼마 전 어느 가수의 투병생활 모습이 방영돼 한동안 눈을 떼지 못함은 발병 시기가 비슷해서다. 화려한 무대를 누비다 과로로 쓰러져 뇌경색으로 식물인간이 될지도 모른다는 의사의 말을 듣고 전혀 움직일 수 없는 상태로 눈물만 흘렸단다.

무엇보다 평상시 긍정적인 사고를 가졌기에 지금은 걷는 연습을 하며 재활 의지를 보여주는데 말하는 모습과 목소리는 나와 비슷하다. 그 역시 몸속에 로봇이 숨어 있나 보다. 그는 나보다 몇 배 더 고통스러울 것이다. 더군다나 가수가 목소리를 잃으면 더 이상 가수가 아닐진대 얼마나 많은 날들을 속울음을 울며 괴로워했을까.

때로는 나도 장애인이라고 풀이 죽어 있으면 여지없이 딸애는 핀잔을 한다. 조금 불편할 뿐이라며 위로를 하지만 이전의 내 목소리는 분명 아니기에 사람이 많이 모인 자리는 되도록 피한다. 목소리가 먼저 알고 긴장을 하니 자꾸 혼자이고 싶다.

지금 내가 할 수 있는 일은 생명의 리듬에 따르는 일이다. 말을 배우는 데는 2년이 걸리지만 침묵을 배우는 데는 60년이 걸린다고 한다.

말하는 것보다 남의 말을 들어 주는 것이 얼마나 많은 인내심이 요구되는지 알 수 있다. 말재주 있는 사람은 오히려 상대방이 말하고자 하는 말보다 더 좋은 말을 꺼낼 수 있도록 들어주는 사람이라고 한다.

내게 자격증을 수여하자.

'1급: 경청의 달인'

하고 싶은 말들은 많은데 들어줄 사람이 없어 속앓이하는 이들에게 손을 내밀자. 불덩이가 치미는 시댁 식구들 얘기는 끝이 없고, 평생을 살아도 남편에 대한 불만은 얼마나 많은가. 자식들 자랑은 들어주기보다 내 얘기하기가 더 바쁘다.

허구한 날 아프다고 엄살떠는 사람들은 또 어떻고 이야기보따리를 마음껏 풀어 놓게 하자. 중간 중간 추임새로 맞장구를 치면 얼마나 신명들이 날까. 그러다 보면 스스로 문제 해결은 본인들이 다 하고 난 그저 귀와 시간만 빌려준 셈이다.

한 쪽 문이 닫히면 반드시 다른 쪽 문이 열린다는 희망적인 말은 바로 나에게 선물로 예비 된 말이다. 마음이 울적한 사람, 자랑거리는 많은데 할 데가 없는 사람, 유난히 계절이 오고 감에 민감한 사람, 사는데 심드렁한 사람, 어디가 아픈지 모르는데 아파서 위로 받고 싶은 사람 등.

누구든지 경청의 달인을 찾아 주세요.

무료로 귀를 빌려 드립니다.

2020, 달력 앞에서

거실 벽면에 대형 달력을 걸어 놓고는 오랫동안 서성거렸다.

자꾸만 웃음소리가 들리는 환청 때문이다. 가만가만 귀 기울여보니 동생들이 자기 생일날에 동그라미를 하겠다고 난리다.

아버지는 그날도 또 다른 달력을 가지고 오셔서 한쪽 벽에 걸어 놓기도 전에 한바탕 쟁탈 중인 소란스러움이 타임머신을 타고 나타났다.

당대에 달력들은 인기 있는 영화배우들의 수영복 입은 사진이나 주로 한복 입은 모습을 무슨 명화라도 되는 양, 가장 눈길 좋은 명당자리를 차지했다.

어쩌다 풍경 그림 달력은 새 학기에 교과서 겉표지를 싸는 포장용으로 안성맞춤이었다. 반들반들해서 학기가 끝날 때까지도 그대로여서 달력을 귀하게 대접했고 또 다른 재미는 매일매일 한 장씩 서로 떼어내겠다는 일력은 요즈음 보기가 힘들다.

지금이야 그림이 있는 작은 글씨보다는 큰 글씨와 메모할 여백이 있는 달력 하나면 족하다. 방마다 탁상용도 있고 핸드폰만 열면 날짜와 시간이 저절로 나타난다. 심지어는 핸드폰 속에 있는 달력에다 일정표를 적어 놓으면 알아서 알려주고 별도로 메모하라는 공간도 있다.

점자 달력을 제작하여 시각 장애인들에 희망을 기증하는 기업도 있고 가족사진이나 아기들 성장 과정을 달력으로 만들어 가족끼리 기념으로 나눠 갖기도 한다.

매년 마지막 달력을 떼어내고 새 달력을 걸면서 참 멀리도 왔다는 생각이 미치는 것은 아무리 생각해봐도 믿기지 않는 나이 숫자다.

누가 나를 이끌고 누가 뒤에서 밀었기에 떠밀려 가는 건가.

벽에 걸려 있는 시계는 저 할 일만 하고, 달력은 아무 말없이 일 년 내내 그 자리에 있건만 어제는 분명 과거요, 내일은 다가올 미래다. 오늘은 누구나 영원하기를 바랄 뿐이다.

매일 매 순간이 다 똑같지 않은 것은 물이 위에서 아래로 흘러 거슬러 다시 돌아갈 수 없듯이, 우리네 인생도 어느 누구 할 것 없이 다 왕복표가 아닌 일방 통행권으로 각자 주어진 삶을 역사의 한 단면 위에서 살다 가야 하는 자연의 이치다.

희로애락을 다 겪어내고 60 고개를 훌쩍 넘은 이 나이는 더 이상 종종거리며 욕심을 내는 아마추어의 삶은 아니다. 느릿느릿 느림표도 있어야 하고 잠시 쉬어가는 쉼표도 필요하고 내 영혼도 잘 따라오는지 뒤도 돌아보는 여유로움이 있어야 주변 사람들도 힘들지 않을 것이다.

오롯이 주어진 시간을 지금껏 살아온 지혜로움으로 녹여내며 뜻하지 않게 찾아오는 병마와 싸우는 사람들을 따스하게 어루만지는 약손이 되고 싶다.

'그래, 그럴 수 있지. 괜찮아.' 이 말이야말로 어린아이부터 노인네까지 얼마나 위로가 되는지 얼마나 아름다운 말인지 무한정 남발해도 좋을 듯싶다.

달력 앞에서 겸허해지는 마음은 지나간 것은 지나간 거고 새해를 맞이하는 다짐이고 내 분수에 어긋나지 않게 살겠노라 무언의 약속을 하는 거다.

첫 장을 넘겨보니 찬란한 태양이 지평선 위에서 시작을 알린다. 그림만 봐도 가슴 벅차게 좋은 기운과 희망이 절로 생긴다. 또 한 장 한 장 넘겨보니 달마다 아름다운 계절의 변화가 보이고 달마다 가족들의 생일날이 보인다.

다시 천천히 넘겨보니 잊지 말아야 할 부모님들의 기일 날에 먼저 동그라미를 그리고 미역국을 끓여 드릴 수 없는 부모님들의 생일날에는 차마 동그라미를 그릴 수 없어 마음속에 담아 둔다.

어느새 일 년 365일 중 온통 내 마음을 차지한 손자의 생일이 가장 특별한 날인지라, 동그라미 두 개를 그리고 그다음은 5월에 만나는 딸의 출산일이다.

하지만 무수한 날 중 특별한 날보다 소소하고 평범한 날들이 많은 것이 더 좋은 것은 순리대로 사는 것이 최고라고 연륜이 말해준다.

어둠이 살며시 거실에 들어온 해 질 무렵 온 가족의 무탈을 기원하셨던 아버지 마음도 지금 내 마음일까? 달력을 걸면서 멋쟁이셨든 아버지가 몹시 보고 싶어 눈물이 난다.

새해에는 어떤 사연들로 365일을 채우게 될까.

임정순 수필집

돌아서던 날

2020년 8월 25일 초판 인쇄
2020년 8월 30일 초판 발행

지은이 / 임정순
발행인 / 강병욱

발행처 / 도서출판 교음사
편 집 / 隨筆文學社 出版部

03147 서울 종로구 삼일대로 457 수운회관 1308호
Tel (02) 737-7081, 739-7879(Fax)
e-mail : gyoeum@daum.net

등록 / 제2007-000052호

* 잘못된 책은 바꿔 드립니다. 값 12,000원

ISBN 978-89-7814-792-7 03810

이 도서의 국립중앙도서관 출판예정도서목록(CIP)은 서지정보유통지원시스템 홈페이지
(http://seoji.nl.go.kr)와 국가자료공동목록시스템(http://www.nl.go.kr/kolisnet)에서
이용하실 수 있습니다.(CIP제어번호 : CIP2020034770)